InterPartes 1

Studien zur Dolmetschwissenschaft

Hrsg. von Dr. Dörte Andres,
Mainz/Germersheim

Ashley Marc Slapp

Community Interpreting in Deutschland

Gegenwärtige Situation und Perspektiven für die Zukunft

m press »

Die Deutsche Bibliothek verzeichnet diese Publikation in der Deutschen Nationalbibliografie; detaillierte bibliografische Daten sind im Internet über http://dnb.ddb.de abrufbar.

© 2004 Martin Meidenbauer
Verlagsbuchhandlung, München

Alle Rechte vorbehalten. Dieses Werk einschließlich aller seiner Teile ist urheberrechtlich geschützt. Jede Verwertung außerhalb der Grenzen des Urhebergesetzes ohne schriftliche Zustimmung des Verlages ist unzulässig und strafbar. Das gilt insbesondere für Nachdruck, auch auszugsweise, Reproduktion, Vervielfältigung, Übersetzung, Mikroverfilmung sowie Digitalisierung oder Einspeicherung und Verarbeitung auf Tonträgern und in elektronischen Systemen aller Art.

Printed in Germany

Gedruckt auf
chlorfrei gebleichtem, säurefreiem und alterungsbeständigem Papier (ISO 9706)

ISBN 3-89975-496-4

Verlagsverzeichnis schickt gern:
Martin Meidenbauer Verlagsbuchhandlung
Erhardtstr. 8
D-80469 München

www.m-verlag.net

Danke an meine Frau Carola. Sie weiß warum.

Inhaltsverzeichnis 7

Abbildungsverzeichnis 8
Tabellenverzeichnis 8

1. Beim Arzt in Spanien 9

2. Was ist Community Interpreting? 11
2.1 Dolmetschstrategien beim Community Interpreting 18
2.2 Kulturkenntnisse des Community Interpreters 20
2.3 Der Community Interpreter als *culture broker* 24
2.4 Der Community Interpreter als *advocate* 25

3. Ist-Zustand: Community Interpreting in der Welt 28
3.1 Australien 28
3.2 USA 32
3.3 Kanada 34
3.4 Schweden 36
3.5 Österreich 38
3.6 Schweiz 40
3.7 Deutschland 41
3.7.1 Ausländer in Deutschland 41
3.7.2 Ausländer und die deutsche Sprache 47
3.7.3 Ausländer beim Arzt 50

4. „Praxisbericht" Hildesheim 63
4.1 Vorbemerkungen zur Untersuchung 63
4.2 Vorstellung der Stadt Hildesheim 64
4.3 Ergebnisse der Untersuchung 65

5. Soll-Zustand: Community Interpreting in der Welt 74

6. Wie kann man Community Interpreter ausbilden? 78

7. Fazit 87

Literaturverzeichnis 89
Zeitschriften, Zeitungen und Radiobeiträge 95
Broschüren und Sonstiges 100
Internetdokumente 100

Anhang 110
Anhang 1: Untersuchungsbericht *Hospital Central de Asturias* 110
Anhang 2: E-Mail- Korrespondenz mit Helen Tebble 111
Anhang 3: Gespräch mit Asyl e.V. in Hildesheim 113
Anhang 4: Broschüre *Fachkraft Arztpraxis* 116
Anhang 5: Leitfaden EMZH 118
Anhang 6: Interviewleitfaden *Praxisbericht Hildesheim* 120
Anhang 7: Interviews *Praxisbericht Hildesheim* 123
Anhang 8: Statistiken Hildesheim 136
Anhang 9: IHK Berlin 139

Abbildungsverzeichnis

Abbildung 1: Toleranz
Abbildung 2: Ausländische Arbeitnehmer in der BRD
Abbildung 3: Ausländer: Wo sie in der BRD leben
Abbildung 4: Du sprechen Deutsch?

Tabellenverzeichnis

Tabelle 1: Bereiche des Community Interpretings
Tabelle 2: Ausländer in der BRD heute
Tabelle 3: Überblick über den „einfachen Sprachtest"
Tabelle 4: Überblick über den „qualifizierten Sprachtest"

1. Beim Arzt in Spanien

Stellen Sie sich das folgende Szenario vor: Sie sind im Urlaub in einem fremden Land und plötzlich werden sie krank. Sie müssen zum Arzt, ins Krankenhaus, im schlimmsten Falle müssen sie sogar operiert werden. Aber sie sprechen nicht die Landessprache. Die Ärzte und Schwestern sprechen aber auch kein Deutsch. Mit Englisch oder Französisch kommen sie nicht weiter, besonders in Anbetracht der vielen Fachbegriffe und medizinischen Diagnosen. Dieses Szenario gleicht einem Albtraum. Man erkrankt in einem fremden Land; in einem Land mit einer anderen Kultur und man kann sich nicht ausreichend mit den Menschen, die einem helfen sollen, verständigen. Man weiß nicht einmal, was diese Helfer eigentlich mit einem machen. Warum gerade diese Untersuchung, warum wird eine Blutprobe benötigt, wieso bekomme ich gerade diese Medikamente? Die Ärzte und Schwestern reden und reden und der Patient versteht *nur Bahnhof*.

Ein Szenario wie dieses ist mir nicht unbekannt. Während meines Auslandssemesters in Oviedo (Spanien) wurde ich krank. Obwohl ich Spanisch spreche, stieß ich bei meinem Arztbesuch auf erhebliche Schwierigkeiten. Ich hatte meinen Fuß bereits in Deutschland verletzt und war vor der Abreise nach Spanien in ärztlicher Behandlung gewesen. Die Diagnose meines damaligen Hausarztes in Hildesheim lautete: *„Ich kann nichts sehen oder erkennen, laufen sie nicht so viel in nächster Zeit"*. Nach einem Monat in Spanien fingen die Schmerzen jedoch wieder an und ich konnte kaum laufen. Also ging ich eines Morgens in das *ambulatorio*. Es überraschte mich, dass ich nicht einfach zum Hausarzt gehen konnte wie in Deutschland oder in meinem Heimatland Großbritannien. Meine Bekannten in Spanien sagten mir jedenfalls, dass ich ins *ambulatorio* gehen sollte und das habe ich getan. Das war der erste Unterschied, auf den ich nicht vorbereitet war. Nach einer sehr langen Wartezeit kam endlich eine Ärztin und untersuchte mich. Ich versuchte ihr zu erklären, dass mein Fuß wehtat und schilderte ihr so gut ich konnte, was mein deutscher Hausarzt gesagt hatte. Sie fragte mich daraufhin auf Spanisch: *„Haben Sie Aids?"*. Mit dieser Frage hatte ich nicht gerechnet. Erst später erfuhr ich, dass diese Frage relativ normal in Spanien ist. Das wusste ich aber zum damaligen Zeitpunkt nicht und empfand die Frage als zu persönlich und privat, daher sagte ich zu der Ärztin: *„Sie sollen nur meinen Fuß untersuchen, sonst nichts"*. Von dieser Antwort schien wiederum sie nicht begeistert gewesen zu sein. Ihre nächste Frage richtete sich dann nämlich nach meiner Krankenversicherung, die natürlich zu Hause war. *„Ohne Versicherungsnachweis kann ich sie nicht behandeln, auf Wiedersehen, kommen sie wieder, aber mit ihrem Ausweis"* lautete daraufhin ihr Kommentar. Nach diesem „erfolgreichen" Gespräch ging ich nach Hause und beschloss am Abend in das *Hospital Central de Asturias* zu gehen. Im Hospital hatte ich mehr Erfolg. Allerdings beantwortete ich die meisten Fragen (insbesondere die, die ich gar nicht verstanden hatte) schlicht und einfach mit „*sí*". Daher bin ich laut dem untersuchenden Arzt zum einen zehn Jahre jünger und zum anderen auf mehrere Sachen allergisch, auf die ich in Wirklichkeit keineswegs allergisch reagiere (vgl. Anhang 1). In dieser Situation war der Befund des Arztes allerdings nicht tragisch. Bei einer ernsthaften Erkrankung oder Operation könnten die Folgen eines solch fehlerhaften Befundes jedoch äußerst dramatisch sein. Leider sprach niemand im Krankenhaus Englisch oder Deutsch und für mich war es sehr schwierig mit Schmerzen, Angst und Hemmungen meinen Zustand auf Spanisch auszudrücken. Dazu kam noch erschwerend hinzu, dass ich dem Arzt meinen Zustand im Wartezimmer erklären musste, wo circa zehn weitere Personen saßen und vermutlich zuhörten. Ich wollte nicht als der Ausländer, der nur ungenügend Spanisch kann, auffallen.

Auf Grund dieser und weiterer Erfahrungen sowie durch mein Ergänzungsfach Fach- und Verhandlungsdolmetschen an der Universität Hildesheim, habe ich besonderes Interesse am Dolmetschen im sozialen und medizinischen Bereich entwickelt. Diese spezifische Art des Dolmetschens ist heute zum größten Teil als „Community Interpreting" bekannt. Daher habe ich mich dazu entschlossen, im Rahmen meiner Arbeit einen näheren Blick auf die aktuelle Situation des Community Interpretings in der Welt und insbesondere in Deutschland zu werfen. Meine Wahl-Heimatstadt Hildesheim diente mir hierbei als exemplarisches Beispiel für die momentane Situation in Deutschland. Bevor jedoch auf die aktuelle Situation eingegangen wird, soll zunächst einmal Community Interpreting an sich vorgestellt werden. Besonderes Interesse soll darüber hinaus auch noch der Zukunft des Community Interpretings im medizinischen Bereich und der Ausbildung von Community Interpretern gewidmet werden.

2. Was ist Community Interpreting?

Um zu verstehen, was sich hinter dem Begriff Community Interpreting verbirgt und welches Ziel es verfolgt, kann man sich eine recht simple Frage durch den Kopf gegen lassen: Gibt es zurzeit ein Land in Westeuropa bzw. in der ganzen Welt, in dem nur eine Sprache gesprochen wird? Die Antwort auf diese Frage lautet wohl „nein". Vielleicht hat es sogar auf Grund von Völkerwanderungen niemals ein einsprachiges Land gegeben. Mit Sicherheit lässt sich auf jeden Fall feststellen, dass die west-europäischen Industrieländer in den letzten 50 Jahren an Vielsprachigkeit gewonnen haben. Ein Grund dafür ist sicherlich in der gestiegenen Zuwanderungszahl von Arbeitsmigranten, Flüchtlingen, Asylsuchenden usw. zu finden, welche ein besseres Leben bzw. Schutz vor Verfolgung suchen. Diese Menschen leben in einem für sie fremden Land mit einer Landessprache, die sie meistens weder verstehen, noch sprechen können. In London ist beispielsweise Bengali nach der Landessprache Englisch die meist gesprochene Sprache. Es gibt jedoch kaum Londoner Hausärzte, die Bengali sprechen (vgl. PHARMACEUTICAL JOURNAL ONLINE 2001). Wie sollen folglich Menschen, die der Mehrheitssprache eines Landes nicht mächtig sind, mit Vertretern medizinischer und sozialer Einrichtungen wie Ämtern, Krankenhäusern, Arztpraxen etc. kommunizieren, wenn beide Parteien keine gemeinsame Sprache sprechen? In der Bundesrepublik Deutschland ist dieses Problem bisher als „Sache des Migranten" (BAHADIR 2000) betrachtet worden, d.h. dass sich der Migrant selbst um die Lösung dieses Problems zu kümmern hat. Dolmetschen für den medizinischen Bereich in Deutschland ist bis heute von den gesetzlichen Krankenkassen nicht als Leistung vorgesehen und obwohl die nicht deutschsprachigen Mitglieder ihre Beiträge zahlen, werden ihre Ansprüche auf Patientengleichheit bislang missachtet.

„In Deutschland muss Deutsch sprechen, wer als Patient in den vollen Genuss seiner Rechte kommen möchte" (MEYER 2001:23).

Natürlich werden auch nicht deutschsprachige Krankenkassenmitglieder medizinisch behandelt, aber durch sprachliche Defizite ist die Behandlung nicht zu vergleichen mit der, die deutschsprachige Mitglieder erhalten. Wer hilft nun aber diesen nicht deutschen, Hilfesuchenden Menschen bei der Kommunikation mit Ärzten oder Ämtern? In den meisten Fällen fällt diese Aufgabe den Verwandten, Freunden, Mitbewohnern, anderen Patienten, Reinigungspersonal und sogar Kindern zu. Sie werden als Dolmetscher für die „Nicht- Inländer" als gerade gut genug betrachtet. Ärzte und andere Fachkräfte begegnen den nicht ausgebildeten Sprachmittelnden Personen mit Misstrauen und Skepsis. Sie sind aber auf diese Sprachmittler[1] angewiesen, um mit den Hilfesuchenden überhaupt kommunizieren zu können. Die Ärzte können nur hoffen, dass ihre Äußerungen von den Laiendolmetschern richtig übersetzt werden (vgl. AUMILLER 2002:30). Diese Situation will das Community Interpreting ändern. Anstelle von unausgebildeten Dolmetschern sollen fachlich geschulte Dolmetscher herangezogen werden, um für eine effektive Kommunikation zwischen den betreffenden Parteien zu sorgen.

Das englische Wort Community Interpreting ist ein relativ neuer Begriff für die wahrscheinlich älteste Form des Dolmetschens. Beim Dolmetschen handelt es sich im Allgemeinen um eine Gesprächssituation, in der sich Menschen, die nicht dieselbe Sprache sprechen, gegenüberstehen und in der eine dritte Person sprachlich zwischen diesen Personen vermittelt. Diese Gesprächssituationen gibt es schon seit jeher, im Grunde seit sich verschiedene Sprachgruppen begegneten und miteinander kommunizieren wollten (vgl. CARRARO-TOMANEK 2001:51). Geprägt wurde der Begriff Community Interpreting durch eine Arbeitsgruppe des Londoner *Institute of Linguists* (vgl. BOWEN 1998:319). Abgeleitet wurde er vom Begriff des „Community Workers", d.h. von einer Person „who works for the welfare of a community" (BROWN 2000:253). Community Interpreting kann als das Dolmetschen spontaner Gespräche zwischen Menschen (Einwanderer, Aussiedler, Gastarbeiter, Flüchtlinge, aber auch Touristen) und Angestellten (Fachpersonal) öffentlicher Einrichtungen der medizinischen und sozialen Bereiche eines Aufnahmelandes definiert werden. Da die Gesprächsteilnehmer keine gemeinsame Sprache sprechen, wird die Hilfe eines Dritten benötigt, um für eine erfolgreiche Kommunikation zu sorgen. In dieser Situation muss jedoch nicht nur die Sprache gedolmetscht werden; auch Fachsprache, kulturelle Unterschiede und spezifische Probleme müssen gedolmetscht und erklärt werden (vgl. KRANZ 2001; MESTRE GRAU 1998).

> „Community Interpreting enables people who are not fluent speakers of the official language(s) of the country to communicate with the providers of public services so as to facilitate full and equal access to legal, health, education, government, and social services" (PÖCHHACKER 2000:37).

Leider wird in der Literatur nicht nur der Begriff Community Interpreting verwendet. Insbesondere im Englischen existiert eine Vielzahl an Bezeichnungen für diese Art von Dolmetschen wie beispielsweise *Public Service Interpreting* in Großbritannien, *ad hoc Interpreting, Liason Interpreting* in Australien, *Cultural Interpreting* in Kanada oder *Escort Interpreting, Medical Interpreting, Health Interpre-*

---

[1] Mit dem Begriff Sprachmittler ist in dieser Arbeit nicht der professionelle Beruf des „Sprachmittlers" in der ehemaligen DDR gemeint.

ting, *Three-Cornered Interpreting* und *Dialogue Interpreting* in den USA. Im Deutschen fallen folgende Bezeichnungen unter den Begriff Community Interpreting: Behördendolmetschen, Kulturvermittlung und Kommunaldolmetschen (vgl. ROBERTS 1997:8f; PÖLLBAUER 2000; BOWEN 1998:319; PÖCHHACKER 2000:36ff; MIKKELSON 1996a & 1997b). Und obwohl die Begriffe *Public Service Interpreting* in Großbritannien und der Begriff *Cultural Interpreting* in Kanada nach wie vor bevorzugt werden, benutzt man auch in diesen Ländern heute sehr oft den Begriff Community Interpreting (vgl. SANDERS 2000). Zusammenfassend lässt sich also feststellen, dass sich der Begriff Community Interpreting international durchgesetzt hat. Heutzutage ist er der am häufigsten verwendete Begriff für das Dolmetschen im sozialen und medizinischen Bereich.

Viele der oben erwähnten Bezeichnungen spiegeln nicht genau die Arbeit der Community Interpreter wieder, da sie weder im sozialen Bereich, noch in Verbindung mit sozialen Handlungen verwendet werden. Sie werden vielmehr bei Geschäftsverhandlungen und in der Wirtschaft (Konferenz- und Verhandlungsdolmetschen) benutzt. Als weitere Unterscheidung des Community Interpretings von anderen Dolmetscharten kann die Gleichberechtigung der Gesprächspartner herangezogen werden. Beim Community Interpreting sitzen sich keine gleichberechtigten Partner gegenüber. Ein Partner nimmt sozusagen eine Machtposition (als Polizist, Richter, Arzt, Arbeitsamtmitarbeiter, usw.) ein, während der andere Gesprächspartner die untergeordnete Rolle des Migranten bzw. einer Person ohne Sprachkenntnisse des betreffenden Landes übernimmt.

In den meisten europäischen Ländern und in Nordamerika wird das Gerichtsdolmetschen nicht zum Bereich des Community Interpretings gezählt. Gerichtsdolmetschen stellt in diesen Ländern einen eigenständigen Bereich des Dolmetschens dar. In Großbritannien, Schweden und Australien ist das *Interpreting in Legal Services* allerdings ein Sonderbereich des Community Interpretings.

„Die häufig anzutreffende Unterscheidung zwischen court interpreting und community interpreting [...] trägt nur der Tatsache Rechnung, dass die Berufspraxis des Gerichtsdolmetschens im allgemeinen einen höheren Entwicklungsstand und Professionalisierungsgrad erreicht hat" (PÖCHHACKER 2000:38).

Auf Grund dieses geringeren Entwicklungsstandes und Professionalisierungsgrades darf man Community Interpreting, obwohl es oft als Oberbegriff für Gerichtsdolmetschen, medizinisches Dolmetschen und Dolmetschen im sozialen Bereich benutzt wird, nicht mit anderen Arten des Dolmetschens wie Konferenz-, Gesprächs- und Verhandlungsdolmetschen vergleichen oder gar mit ihnen verwechseln. Einen Überblick über die verschiedenen Bereiche, die nach Roberts zum Community Interpreting gehören, ist in Tabelle 1 (ROBERTS 1997:9) dargestellt.

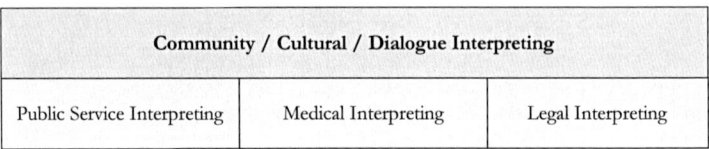

Tabelle 1: Bereiche des Community Interpretings

Während Konferenzdolmetschen ein hoch angesehner Beruf ist, bei dem die dolmetschenden Personen auf Grund ihrer Qualifikationen und Kompetenzen ihren Lebensunterhalt verdienen, sind Personen, die heute im weitesten Sinn als Community Interpreter arbeiten, meistens unausgebildet. Sie werden von den Patienten selbst mitgebracht oder aus anderen Bereichen (Krankenhauspersonal, Reinigungskräfte etc.) angeheuert und dolmetschen für Ärzte oder Krankenschwestern, die vorher selten mit Dolmetschern gearbeitet haben. Die Migranten auf der anderen Seite verfügen über wenig Geld, einen niedrigen Bildungsstand und besitzen nur unzureichende Kenntnisse über die verschiedenen sozialen Einrichtungen des Aufnahmelandes. Beide Parteien dürften kaum in der Lage sein, hohe Ansprüche an den kostenlosen Dolmetscher zu richten (vgl. MIKKELSON 1997b). Man kann hier daher eher von einem Sprachmittler anstatt von einem Community Interpreter sprechen. Dieser Sprachmittler ist ein nicht-professioneller Mittler, der in einer alltäglichen *face-to-face*-Situation dolmetscht und der im Gegensatz zum professionellen Dolmetscher nicht in den Hintergrund treten soll. Der Sprachmittler soll vielmehr Mitteilungsintentionen äußern, Missverständnisse aufklären und den Verlauf des Gesprächs leiten. Er soll übermitteln und vermitteln (vgl. KNAPP/KNAPP-POTTHOFF 1985:451).

„Die Tätigkeit eines Sprachmittlers dient einerseits dazu, Kommunikation zwischen Sprechern aus verschiedenen Kulturen zu verbessern oder überhaupt zu ermöglichen, indem er Verständigung sichert und Missverständnisse ausräumt bzw. verhindert [...]" (KNAPP/KNAPP-POTTHOFF 1985:452).

Ein sehr großer Nachteil für die bisherige Entwicklung des Community Interpretings ist die Vielzahl an verschiedenen Definitionen. Bis heute sind sich die Fachleute nicht darüber einig, wo der Bereich des Community Interpretings anfängt und wo er aufhört. Des Weiteren besteht auch keine Einstimmigkeit darüber, welche Dolmetscharten im Community Interpreting beinhaltet sein sollen.

"There is no point in having definitions which do not function as discriminants between categories. [...] In Australia, we do not use the term community interpreting but simply interpreting, just as we do not use the term „salted butter" because all our butter is salted" (GENTILE 1997:117).

„Die Frage, was Community Interpreting eigentlich ist, ist berechtigt. Ist es Dolmetschen im Krankenhaus, im Flüchtlingsberatungszentrum, bei Sozialämtern zum Beispiel oder beim Therapeuten? Oder ist es auch Dolmetschen bei der Polizei und beim Gericht?" (SCHREIBER 2001:29).

Erschwerend kommt des Weiteren hinzu, dass der Begriff Community Interpreting nicht bekannt genug ist. Eine Nachfrage beim Dolmetscherdienst des Kasseler Klinikums ergab beispielsweise, dass die Leiterin des Dienstes den Begriff Community Interpreting noch nie zuvor gehört hatte. Außerdem würde sie unter dem Begriff „*was ganz anderes* [...] *verstehen*"[2]. Eine weitere Nachfrage - diesmal bei der *Stuttgarter Akademie für Tiefenpsychologie und analytische Psychologie e.V.* - ergab im Prinzip dasselbe Ergebnis. Auch dort konnte mir niemand erklären, was Community Interpreting ist, obwohl sie mit einem ähnlichen Leitfaden wie dem des Ethno-Medizinischen Zentrums in Hannover bei Beratungsgesprächen arbeiten. Das Ethno-Medizinische Zentrum will ausländische Mitbürger beraten, ihnen helfen und Türen öffnen sowie Ärzte für deren Probleme sensibilisieren (vgl. ARIES TSE REPORTS 2001). Der Gesprächsleitfaden des Ethno-Medizischen Zentrums[3] ist für Beratungsgespräche im medizinischen, sozialen, psychologischen und schulischen Bereich gedacht. Die Befragung Hildesheimer Ärzte, Krankenschwestern und Arzthelferinnen, auf die ich in Kapitel IV näher eingehen werde, bestätigte ebenfalls dieses Ergebnis. Meine Interviewpartner waren mit dem Begriff Community Interpreting überhaupt nicht vertraut. Während meiner Recherchen bin ich auf keine einzige Fachperson - weder Arzt, Krankenschwester, noch Mitarbeiter verschiedener Ämter oder der örtlichen Krankenkassen - gestoßen, die den Begriff Community Interpreting kannte bzw. definieren konnte. Allerdings verstanden meine Interviewpartner, was ich mit Community Interpreting meinte, wenn ich den Begriff „Dolmetschen im medizinischen Bereich" verwendete. Am Nichtbekanntheitsgrad der Arbeit von Community Interpretern kann man bereits sehr deutlich erkennen, wie viel Arbeit noch geleistet werden muss, bevor sich Community Interpreting als anerkannter Beruf durchsetzen kann. Das Community Interpreting als professioneller Beruf steckt also noch in den Kinderschuhen und wird leider oftmals von anderen professionellen

---

[2] Hierbei berufe ich mich auf ein Telefonat mit Frau Stämm, Leiterin des Dolmetscherdienstes, Klinikum Kassel, vom Februar 2002, welches ich nicht aufgezeichnet bzw. festgehalten habe.
[3] Für nähere Informationen über das EMZH sei auf Abschnitt 3.7 und auf die Internetseite des EMZH (http://www.dsk.de/rds/23181.htm) verwiesen.

Dolmetschern wie Konferenz- und Gerichtsdolmetschern als Dolmetschen zweiter oder sogar dritter Klasse betrachtet (vgl. MEYER 2001:23f).

> „Community Interpreting [...] is practiced essentially on a non-, sub- or paraprofessional level, with no prior or on-the-job training [...] and without any type of official status, professional organization or accreditation" (PÖCHHACKER 1997:223).

> „Several court interpreter colleagues, upon hearing that I had established a center on community interpreting, expressed the fervent hope that I would not include court interpreting as a species of „community interpreting". After all our hard work for professional recognition, we don't want to be lumped together with that bunch" (MIKKELSON 1997b).

Der Community Interpreter dolmetscht konsekutiv in beide Richtungen, d.h. er benutzt im Unterschied zu einigen anderen Dolmetscharten sowohl die Mehrheits- als auch die Minderheitssprache (vgl. WADENSJÖ 1998:49). Beim Community Interpreting mit seinen oft „exotischen Sprachen" gehört der Dolmetscher meistens selbst zu der Minderheitsgruppe und arbeitet oftmals für wenig oder sogar ganz ohne Entgelt: *„Wenn wir es nicht machen, wer sollte es denn dann machen"* so ein namenloser afrikanischer Teilzeit- Community Interpreter beim Hildesheimer Asyl e.V.. Viele Personen, die diese Tätigkeit ausführen, haben andere Berufe erlernt. Diese dürfen sie aber nicht in ihrer neuen Heimat ausüben (vgl. VON ARX-WEGENER 2001). Andere wiederum arbeiten als Dolmetscher bis sie einen „echten Job" gefunden haben und bekommen, weil ihnen u.a. eine professionelle Dolmetschausbildung und Akkreditierung fehlt, nie die Anerkennung für den „nicht echten Job", die sie sicherlich verdient hätten. Erschwerend kommt noch hinzu, dass die Leistungen der unausgebildeten Sprachmittler auf Grund von Ausländerfeindlichkeit und Vorurteilen als negativ abgestempelt werden. Die Arbeit und Bemühungen der nicht-professionellen Sprachmittler werden missachtet bzw. gar nicht wahrgenommen.

> „Because foreigners and foreign languages are not viewed favourably in courts of law, and because of the anti-immigrant [...] sentiment prevailing in many societies today, anyone associated with immigrants in the courts is regarded as undesirable" (MIKKELSON 1996b).

Ein durchaus verbreitetes Kriterium für die Güte eines Dolmetschers scheint des Weiteren die Fähigkeit zu sein, viele Sprachen zu sprechen, obwohl die beruflichen Fähigkeiten und Professionalität eines Dolmetschers mindestens genauso wichtig sind. Community Interpreter, die „exotische Sprachen" wie Somali oder Vietnamesisch schlecht dolmetschen, bekommen teilweise mehr Lob und Geld als Community Interpreter, die „normale" Sprachen wie Spanisch oder Französisch gut dolmetschen. Dies ist auch der Grund dafür, dass es viele ungeschulte Dolmetscher nicht für nötig erachten, Geld und Zeit zu investieren, um professionelle Qualifikationen zu erlangen (vgl. WADENSJÖ 1998:52f; PÖCHHACKER 2000 42ff).

> „A vicious circle is created, as the low pay and poor working conditions of interpreting work give prospective practitioners little incentive to invest in long training courses, and thus colleges and universities have little impetus for establishing such programs" (MIKKELSON 1997b).

Zusätzlich dazu befindet sich die Welt in einem ständigen Wandel: Bürgerkriege, Hungersnot, politische Veränderungen usw. führen zu Flüchtlingsbewegungen bzw. Heimkehrungen, wodurch sich im Endeffekt auch die Sprachen ändern, die am häufigsten in einem Aufnahmeland gedolmetscht werden müssen. Aus diesem Grunde schwanken auch die zum Teil zeitlich begrenzten Arbeitsmöglichkeiten für Community Interpreter. Community Interpreting kann also nur dann als „echter Job" betrachtet werden, wenn sichere Arbeitsplätze oder Aufträge angeboten werden.

Die Arbeit als Community Interpreter erfordert durch den engen Kontakt mit Kleingruppen bzw. Einzelpersonen mehr Geschick im Umgang mit Menschen als die Arbeit in einem großen Konferenzsaal, wo sich der Dolmetscher meist in einer Kabine befindet oder als nicht wirklich Beteiligter angesehen wird. Die Klienten beim Community Interpreting sind häufig Menschen, die es nicht gewohnt sind, mit Hilfe eines Dolmetschers ein Gespräch zu führen. Es handelt sich oftmals um Kinder, ältere Menschen oder Flüchtlinge, die eventuell durch ihre persönlichen Erfahrungen in der Vergangenheit sehr verunsichert im Umgang mit Fremden sein können. Diese Menschen haben zum Teil ihr Vertrauen in die Menschen verloren und müssen bei den therapeutischen Gesprächen ein absolutes Vertrauen zu allen Beteiligten - inklusive Dolmetscher - aufbauen (vgl. DHAWAN et al. 1995:179). Sie sehen im Dolmetscher eine Bezugs- oder Vertrauensperson, da er als einziger ihre Sprache versteht und sehr oft Mitglied der für sie vertrauten Kultur ist.

> „Ich habe, bevor ich hierher kam nur mit deutschen Ärzten und Sozialarbeitern in der Klinik Kontakt gehabt. Wenn ich so vergleiche, dann kann ich rückblickend sagen, dass ich kein Vertrauen, [...] zu diesen Menschen habe entwickeln können [...]" (PELTZER et al. 1995:161).

Es ist für einen Westeuropäer sehr schwierig, sich in die Lage und die Psyche einer Person aus dem Orient oder Islam zu versetzen und diese zu verstehen. Die fremde Sprache, Religion, Moral sowie die anderen Normen und Werte stellen dabei weitere Hindernisse dar. Menschen können in ihrer Muttersprache genauer über ihre Erlebnisse, Erfahrungen und Gedanken sprechen. Wenn sich der Patient missverstanden fühlt, kann er in den wenigsten Fällen ein Vertrauensverhältnis zum Arzt aufbauen (vgl. HACKENBROCH 2000). Bei gedolmetschten Gesprächen beim Arzt hat der Dolmetscher zum größten Teil die Aufgabe, ein Vertrauensverhältnis zwischen Arzt und Patient herzustellen. Er muss dem Arzt nicht nur die Bedeutung der Worte, sondern teilweise auch den kulturellen Hintergrund der Äußerungen des Patienten erläutern und die dazu passenden Strategien anwenden.

2.1 Dolmetschstrategien beim Community Interpreting

Der Dolmetscher soll nicht nur die Übersetzung der Ausgangssprache in die Zielsprache vollbringen, er soll auch das Gesamtverhalten eines Gespräches übertragen können. Die Vorgänge und Strategien eines Dolmetschers können aber nur in der jeweiligen Situation analysiert und verstanden werden. Ein Gespräch kann nicht aus einer Situation in eine andere übertragen werden; es ist immer situationsgebunden. Der professionelle Dolmetscher sollte daher das Vermögen besitzen, jede Situation einschätzen und aus ihr heraus seine Dolmetschstrategien für die jeweilige Aufgabe ableiten zu können.

Abhängig von der jeweiligen Situation werden unterschiedliche spezifische Strategien benötigt. Beim Konferenzdolmetschen ist z.B. die Gedächtnisstrategie von großer Bedeutung, während beim Simultandolmetschen die Beeinflussung der Vortragsgeschwindigkeit und die Vorausplanung von Strukturen wichtig sind. Da Community Interpreting in einer Dialogsituation stattfindet, stehen hier andere Herausforderungen für den Dolmetscher im Vordergrund, woraus sich folglich auch andere Strategien ergeben. Fachwissen und spezifische Kenntnisse über den Teilnehmer sollte sich der Community Interpreter auf jeden Fall strategisch aneignen, um Verständigung zwischen den Kommunikationspartnern zu erzeugen. Natürlich spielt hierbei auch die Erfahrung des Dolmetschers eine wesentliche Rolle. Ein Community Interpreter mit langjähriger Erfahrung im Asylbereich verfügt über genügend Vorwissen, welches er zum Vorteil der Gesprächsteilnehmer nutzen kann. Ein Dolmetscher mit beispielsweise wenig Erfahrung im medizinischen Bereich muss sich vor dem zu dolmetschenden Gespräch erst mit der medizinischen Terminologie auseinandersetzen, um eine sinnvolle Verständigung zwischen Arzt und Patient zu erzeugen. Und er muss sich darüber hinaus Gedanken über die Sitzordnung der Teilnehmer und sein Verhalten (Blickkontakte, in der ersten Person Singular reden usw.) machen. Diese Punkte spielen nämlich beim Community Interpreting eine viel größere und wichtigere Rolle als bei anderen Dolmetscharten (vgl. WADENSJÖ 1998a; GONDOS). So kann es durchaus günstiger sein, wenn sich Arzt und Patient während des Gespräches ansehen und der Dolmetscher nur eine „unsichtbare" Mittlerrolle spielt, denn durch das gegensei-

tige Ansehen nehmen Arzt und Patient eine aktive Hörerrolle ein (vgl. ENGLUND DIMITROVA 1997). Der Dolmetscher sollte also als Person im Hintergrund bleiben (vgl. DHAWAN et al. 1995:191). Befinden sich alle drei Gesprächsteilnehmer weiterhin in einer Kreiskonstellation ist der Dolmetscher den anderen auch weniger „im Weg" (vgl. WADENSJÖ 1998a). Der Dolmetscher kann so außerdem die geistige Nähe zwischen Patient und Therapeut besser fördern (vgl. a.a.O.).
Beim Community Interpreting ist es sehr wichtig, dass dem Patienten und dem Arzt der Unterschied zwischen *speaking self* (was der Dolmetscher selbst sagt) und *meaning other* (was der Dolmetscher übersetzt) klar ist. Hierbei spielt auch die oben erwähnte Sitzposition im Kreis eine Rolle, denn die notwendige Unterscheidung zwischen dem Dolmetscher als *speaking self* und *meaning other* kann durch sie unmittelbar verbal und nonverbal (z.B. durch Kopfnicken) signalisiert werden.
Viele Verfahren des Verstehensprozesses werden beim Community Interpreting dadurch erleichtert, dass der Dolmetscher direkt beim Produzenten nachfragen kann, falls Unklarheiten auftreten. Des Weiteren verhält sich der Community Interpreter nicht wie ein Simultandolmetscher; d.h., dass er keine Vorwegnahmen vornimmt, sondern erst zu sprechen bzw. zu übersetzen beginnt, wenn der Textproduzent seine Äußerung bzw. ein Äußerungssegment abgeschlossen hat (vgl. KALINA 1998:118).
Gespräche im medizinischen Bereich scheinen oft relativ frei zu sein, doch folgen sie in Wirklichkeit einem festen System. Der Arzt stellt Fragen, um Informationen zur Bestätigung oder Ablehnung seiner hypothetischen Diagnose zu erhalten. Der Arzt bestimmt und kontrolliert also normalerweise durch seine Äußerungen das Gespräch. Die Beziehung zwischen Arzt und Patient ist durch die fachliche Kompetenz des Arztes als asymmetrisch zu charakterisieren (vgl. MACLEAN 1989; EHLICH 1990; GÜLICH 1990; QUASTHOFF 1990; MEYER 2002). Beim alltäglichen Gespräch kann jeder Teilnehmer zu jeder Zeit die Sprecherrolle übernehmen; dieser Wechsel wird auch als *turntaking* bezeichnet. Beim Community Interpreting ist der *speaking space* bzw. der Zeitpunkt, an dem ein Sprecherwechsel zustande kommen kann, ein sehr bedeutender Aspekt. Jeder Sprecher sollte durch den *speaking space* die Möglichkeit bekommen, seine Fragen, Ideen oder Meinung vorzutragen. Beim Community Interpreting ist der Dolmetscher der Mittelpunkt des turn-taking- Prozesses; er hat die Kontrolle über das Gespräch und sollte in der Lage sein, diese Kontrolle zu übernehmen ohne die anderen Teilnehmer zu unterbrechen. So kann er die Gesprächsteilnehmer z.B. durch Nicken zum Weiterreden anregen oder dadurch signalisieren, dass er den *turn* noch nicht übernehmen will. Falsches turn-taking kann zu Kommunikationsproblemen führen. Der Dolmetscher muss folglich seine eigene *speaking space* und die der anderen

Gesprächsteilnehmer erfolgreich koordinieren. Diesen Vorgang nennt man auch Turnzuweisung. Folgende Anforderungen müssen für erfolgreiches Community Interpreting erfüllt werden:

- „Interpreters must hear everything that is said by the interlocutors.
- Interpreters must be able to remember everything that has been said by the speakers since the previous interpreters turn.
- Interpreters must have their own speaking space" (ENGLUND DIMITROVA 1997:149).

Alles in Allem muss der Community Interpreter fähig sein, rapides turn-taking der Teilnehmer, wodurch er eventuell beim Dolmetschen gestört oder unterbrochen wird, sowie das Wahrnehmen und Zuweisen von turns, zu bewältigen. Nur so kann er eine gerechte Dolmetschleistung erbringen (vgl. APFELBAUM 1998b:32).

2.2 Kulturkenntnisse des Community Interpreters

Es reicht für den Community Interpreter wie gesagt nicht aus, eine Sprache „richtig" übersetzen zu können oder die oben genannten Dolmetschstrategien richtig einzusetzen. Zu seinen Aufgaben gehört auch die Arbeit als so genannter Kulturvermittler. Probleme in der Kommunikation entstehen nämlich nicht nur auf der Sprachebene, sondern auch auf der kulturellen Ebene. Um diese Probleme zu vermeiden, ist eine kulturelle Kompetenz des Community Interpreters unerlässlich, denn nur weil zwei Personen dasselbe *sagen*, heißt das noch lange nicht, dass sie auch dasselbe *meinen*.

Die eigene Kultur ist für jeden von uns immer der „Nabel der Welt". Andere Kulturen werden aus der eigenen Kultur heraus betrachtet und beurteilt. Die Werte und Normen der eigenen Kultur dienen dabei als Standard. Je weniger Unterschiede zwischen den Kulturen zu finden sind, desto größer ist das Verständnis für die fremde Kultur (vgl. MALETZKE 1996:23). Viele von uns erwarten einfach, dass sich Menschen aus anderen Kulturen im Einklang mit unserer Kultur verhalten. Dieser so genannte Ethnozentrismus ist ein bedeutender Faktor, wenn man mit Menschen anderer Kulturkreise kommunizieren möchte. Ihn muss man überwinden.

Innerhalb einer Kultur bestehen gemeinsame „[...] Wissensbestände, Erwartungen des Handelns und oft kulturspezifische Formen" (KALINA 1998:35). Das Handeln, Erleben, Verhalten, Denken und Wahrnehmen wird hierdurch bewusst oder unbewusst bestimmt. Die Sprache spielt in diesem Zusammenhang eine wichtige Rolle, da das Denken durch die eigene Sprache und die eigenen Erfahrungen begrenzt wird (vgl. MALETKE 1996:74). Kulturelle Unterschiede sind der Grund für die meisten Missverständnisse in der Kommunikation zwischen Angehörigen verschiedener Kulturkreise. Die Menschen dieser Welt sollten - wie die Personen in Abbildung 1 (MOHR, B. In: BERGMANN 2001b:4) - mehr Toleranz für andere Kulturen aufweisen.

Abbildung 1: Toleranz

Da in der Dolmetschsituation verschiedene Kulturen und Weltansichten aufeinander treffen, muss der Dolmetscher in der Lage sein, zwischen diesen Kulturen zu vermitteln. In der Dolmetschsituation wollen und sollen beide Gesprächspartner einander verstehen. Und zwar sollen sie nicht nur das, was gesagt wird, sondern auch das, was wirklich gemeint ist, verstehen. Nur dann kann man das Gespräch als gelungen betrachten, denn „[...] erfolgreich kommunizieren heißt, die Mitteilungsabsicht des Gegenübers zu erkennen" (KORTMANN 1999:198). Kommt die gesendete Botschaft nicht so an, wie sie vom Sender gemeint war, kommt es zu Missverständnissen, im Extremfall sogar zum Nichtverstehen.

Zwischen Gesprächspartnern existieren so genannte kulturelle Kodes. Diese Kodes sind bei einem monokulturellen Gespräch ausgeprägter als bei einem multikulturellen Gespräch. Bei multi- oder interkulturellen Kommunikationen sollten die Teilnehmer daher nicht ausschließlich ihre eigenen Kodes, Konventionen, Einstellungen oder Verhaltensformen verwenden. Sie müssen sich vielmehr auf die für sie fremden Kodes einlassen (vgl. MALETZKE 1996:37). Nicht alles, was in einer Kultur als akzeptabel gilt (z.b. Klarheit, Eindeutigkeit, Direktheit), wird auch in anderen Kulturen akzeptiert. Man muss sich immer wieder vor Augen halten, dass jede Kultur einzigartig ist. Das Eingehen und Verstehen der anderen Kultur ist sicherlich nicht immer einfach. Daher kommt es auch sehr häufig vor, dass man sich in der anderen Kultur so verhält wie man es aus der eigenen Kultur gewohnt ist. So sprechen und verhalten sich Ausländer, Migranten in den Einrichtungen des Aufnahmelandes oftmals genauso wie sie es in ihrem Heimatland tun würden. Um sich dem neuen Land anpassen zu können, bedarf es auf jeden Fall auch einer sprachlichen Basis; die Ausländer und Migranten müssen die Sprache des Aufnahmelandes verstehen, um sich mit dessen Kultur und Eigenarten auseinandersetzen zu können (vgl. REHBEIN 1985:19).

Da der Dolmetscher wie gesagt in einem gedolmetschten Gespräch die Rolle als Kulturvermittler übernimmt, wird Community Interpreting häufig auch als „Cultural Interpreting" bezeichnet (vgl. ROBERTS 1997:12). Die Aufgabe als Kulturvermittler ist keineswegs einfach für den Community Interpreter. Kennt er die Gesprächsteilnehmer, ihre Kultur und Geschichte nicht, kann es vorkommen, dass der Community Interpreter seine Meinung bzw. Kenntnisse über sie auf Grund von Stereotypen bildet (vgl. MICHAEL;COCCHINI 1997:238). Dies sollte natürlich auf jeden Fall vermieden werden, denn gerade in einer *face-to-face-* Kommunikation ist das Verstehen der anderen Kultur unentbehrlich. Durch unterschiedliche kulturelle Werte und Normen werden sprachliche Äußerungen auch verschiedenartig ausgedrückt. Der Dolmetscher muss sich u.a. entscheiden, welche ausgangssprachlichen Äußerungen in der Zielsprache dargestellt werden können. Das erfordert nicht nur sprachliche und kulturelle, sondern auch eine Reihe von zum Teil soziologischer und psychologischer Kenntnisse.

> „Integrative oder versorgende Angebote und Hilfen müssen daher in hohem Ausmaße über entsprechende sprachliche, kulturelle, soziale, migrationsspezifische und familienethnospezifische Kompetenzen verfügen, wenn sie effektiver helfen wollen" (COLLATZ 1999).

Insbesondere bei der interkulturellen Kommunikation im medizinischen Bereich werden oftmals Themen angesprochen, die in einigen Kulturen als Tabuthemen gelten wie beispielsweise psychische Störungen in der türkischen Gesellschaft (vgl. HACKENBROCH 2000:229; PENNEY;SAMMONS 1997:71). Auch die Erwartungen, die an einen Menschen, z.B. einen Arzt, gestellt werden, sind vielfach kulturbedingt. Hierbei spielt vor allem das Geschlecht eine Rolle. Eine Ärztin wird nicht in allen Kulturkreisen als kompetente Fachkraft angesehen; so lassen sich moslemische Männer nicht immer von einer Ärztin untersuchen. Manchmal ergeben sich auch Probleme, wenn männliche Ärzte direkten Augenkontakt zu ihren weiblichen Patienten suchen, welche aus einer Kultur stammen, in der direkter Blickkontakt nicht üblich ist. Wird die Patientin durch den direkten Blickkontakt zu stark verunsichert, kann kein angemessenes Gespräch mehr zustande kommen (vgl. VON ARX-WEGNER 2001). Aber auch das Geschlecht des Dolmetschers spielt eine wichtige Rolle. In einem Arztgespräch, in dem es z.b. um intime Krankheiten geht, sollten i.d.R. nur weibliche Dolmetscher für Frauen bzw. nur männliche Dolmetscher für Männer eingesetzt werden.

Um für eine erfolgreiche Kommunikation zwischen Arzt und Patient zu sorgen, sollte der professionelle Dolmetscher folglich bi-kulturell, wenn nicht sogar multi-kulturell sein.

> „Der multikulturelle Dolmetscher sollte durch einen Kulturtransfer[4], [...] durch Kenntnis fremder Kulturen seinen eigenen Horizont möglichst umfassend erweitern, um Standardisierungen zu erkennen, um über Typisierungen herauszukommen und eigene und fremde Vorurteile abzubauen oder zumindest erklären zu können" (SCHWEND et. al. 1997:274).

Dolmetschen kann also nicht ausschließlich Wort für Wort erfolgen, es muss darüber hinaus auch die nonverbalen Unterschiede (in der Gestik, Körperhaltung, im Blickverhalten oder in den Begrüßungsritualen) berücksichtigen (vgl. VON ARX-WEGNER 2001). Ob es dem Dolmetscher gelingt, eine Kommunikation zwischen den Gesprächsteilnehmern herzustellen, hängt nicht nur von seiner Ausbildung und Fähigkeit ab, sondern auch davon, ob und wie weit die beteiligten Personen bereit sind, über ihn als Vermittler miteinander zu kommunizieren.

Der Dolmetscher muss in seiner Rolle als Kulturvermittler sowohl als *culture broker*, als auch als *advocate* vorgehen.

---

[4] Unter Kulturtransfer ist in diesem Zusammenhang die Fähigkeit gemeint, Kulturen zu verstehen und sie für andere verstehbar zu machen.

2.3 Der Community Interpreter als *culture broker*

Der Community Interpreter in seiner Rolle als culture broker versucht nicht nur, die Sprachbarrieren abzubauen und den Arzt auf die kulturelle Problematik hinzuweisen, er versucht vielmehr den Gesprächsverlauf so zu lenken, dass der Arzt zu einer für beide Seiten zufrieden stellenden Diagnose gelangen kann. Hierzu muss der culture broker z.b. über die Fähigkeit verfügen, ein kulturell angemessenes und medizinisch korrektes Erklärungsmodell heranzuziehen. Mit Hilfe dieses Erklärungsmodell ist es für den Patienten einfacher, seine Krankheit zu verstehen.

Nach Operationen bzw. Behandlungen erteilen die Ärzte den Patienten normalerweise Anweisungen. Hier wird eine gewisse „Compliance"[5] des Patienten nötig. Versteht der Patient diese Anweisungen nicht oder kann einzelne Punkte nicht nachfragen, ist eine erfolgreiche Nachbehandlung und Compliance kaum möglich.

> „40 bis 50 Prozent aller nicht deutschsprechenden Patienten überlebten eine Herztransplantation nicht. Grund dafür seien Komplikationen, die auf „soziokulturelle" Probleme zurückzuführen seien" (SPIEGEL ONLINE 2001b).

Gerade bei naturverbundenen Völkern ist Krankheit ein sehr abstrakter Begriff. Sie wissen häufig nicht, wie die Schulmedizin ihr Leiden heilen kann. Ein Beispiel hierfür stellt die Behandlung einer Cree[6]-Patientin dar, die an Diabetes litt. In einem Beratungsgespräch ohne Dolmetscher wies der behandelnde Arzt sie darauf hin, dass sie auf Grund von falscher Zucker- und Kohlehydrataufnahme ihren Gesundheitszustand verschlimmern könnte und erläuterte ihr anschließend einen Diätplan. Durch sprachliche Differenzen und weil der Patientin der Zusammenhang zwischen Nahrungsaufnahme und ihrer Krankheit nicht deutlich wurde, musste man sie nach einiger Zeit ins Krankenhaus einliefern. Ihre Diabetes hatte sich durch die Nichteinhaltung der Diät verschlimmert. Bei einem weiteren Gespräch wurde dann ein Dolmetscher hinzugezogen. Dem Dolmetscher gelang es, der Patientin ihre Krankheit verstehbar zu erklären, indem er ein für sie verständliches und korrektes Erklärungsmodell schuf: Die Problematik der Zucker- und Kohlehydrataufnahme wurde anhand des Benzin/Ölgemischs in einem Außenbordmotor erklärt. Durch das Zurückgreifen auf ein für die Patientin alltägliches Bild gelang es dem culture broker der Patientin die Wichtigkeit einer Diät zu erläutern und sie dazu bringen, diese auch einzuhalten (vgl. KAUFERT et al. 1985).

---

[5] Compliance ist ein medizinisches Fachwort, welches aussagt, dass sich der Patient an die Anweisungen des Arztes hält.
[6] Die Cree sind ein Indianerstamm aus dem Kulturkreis der zentralen Subarktis. Heute leben sie größtenteils in Kanada.

Ein weiteres Beispiel für die Notwendigkeit der Kulturvermittlung ist das folgende: Ein kanadischer Arzt hatte ein indianisches Kind behandelt und eine Allergie festgestellt. Die Mutter wurde daraufhin angewiesen, ihr Kind täglich zu baden sowie die Bettwäsche täglich zu wechseln und sehr heiß zu waschen. Den Anweisungen des Arztes wurde, wie sich bei einer späteren Untersuchung herausstellte, aber nicht Folge geleistet. Der Arzt sah sich daher genötigt, einen Dolmetscher hinzuzuziehen, da er ein Kommunikationsproblem für die Non-Compliance verantwortlich machte. Bei diesem Gespräch stellte sich jedoch heraus, dass die Familie ohne fließend Wasser und Strom lebt, und daher nicht in der Lage war, die ärztlichen Anweisungen zu befolgen. Der Dolmetscher wusste auf Grund seiner Angehörigkeit zu derselben ethnischen Gruppe über deren Lebensumstände Bescheid und konnte so zwischen den Kulturen vermitteln (vgl. a.a.O.).

An diesen Beispielen kann man die zusätzlichen Aufgaben eines Community Interpreters sehr deutlich erkennen. Ohne seine Tätigkeit als culture broker oder Kulturvermittler wäre eine effektive Behandlung und Heilung der Cree-Patientin und des an einer Allergie leidenden Kindes nicht möglich gewesen. Die Fähigkeit zwischen Kulturen zu vermitteln wird dem Dolmetscher allerdings nicht angeboren, er muss sie lernen. Die Aufgabe des Kulturvermittlers erfordert Sensibilität und hohe kulturelle Kenntnisse sowie Selbstvertrauen. Fähigkeiten, die durch praxisorientiertes Training gelernt und perfektioniert werden müssen (vgl. MICHAEL/COCCHINI 1997:239ff; BOWEN 1998:319; PÖCHHACKER 2000:37ff).

2.4 Der Community Interpreter als *advocate*

Neben seiner Rolle als culture broker muss der Community Interpreter zuweilen auch als Interessenvertreter des Patienten auftreten, da Ärzte oftmals auf Grund von Kommunikationsproblemen Entscheidungen über den Kopf der Patienten hinweg treffen. Diese Rolle des *advocates* birgt ein hohes Konfliktpotential in sich. Insbesondere dann, wenn der Dolmetscher vom Krankenhaus eingestellt wurde und die Interessen des Patienten gegen das Krankenhaus durchsetzen muss.

> „[…] it is, in fact, difficult to be a helpmate to and even an advocate of those not speaking the language of the country and still to retain the objectivity and impartiality required to interpret well" (ROBERTS 1997:21).

In einem besonders schwerwiegenden Fall wurde beispielsweise einem Cree-Patienten ohne dessen Wissen ein Herzschrittmacher eingesetzt. Erst bei einem Gespräch nach der Operation, bei dem ein Dolmetscher anwesend war,

erfuhr der Betroffene von dem operativen Eingriff und bat um die Entfernung des Fremdkörpers. Ein Herzschrittmacher widerspricht dem Glauben der Cree. Der Dolmetscher hatte nun die schwierige Aufgabe, das Recht des Patienten auf Selbstbestimmung gegen die Meinung der Ärzte durchzusetzen (vgl. KAUFERT et al. 1985:98ff). Auch in Deutschland werden Vorfälle dieser Art registriert (vgl. ELISABETH KRANKENHAUS 2000).
Auf den Schultern des Dolmetschers lastet folglich häufig die Verantwortung für die Gesundheit und das Wohlergehen der Patienten. Ein Gespräch zwischen Dolmetscher und Patient vor der Behandlung ist daher unentbehrlich, um dem Patienten die gesundheitlichen Probleme und die Arbeit bzw. Arbeitsweise des Dolmetschers zu erklären. Der advocate soll die Patienten über ihre Rechte und Möglichkeiten aufklären und ihnen erklären, dass er die Kommunikation kontrollieren wird, d.h. dass er aktiv in die Kommunikation involviert sein wird. Allerdings wird er nicht die Verantwortung für die Gesprächsführung übernehmen, diese sollte immer bei den primären Gesprächspartnern liegen. Zu den weiteren Aufgaben des Community Interpreters gehört in diesem Zusammenhang auch die korrekte Behandlung von abfälligen Bemerkungen gegenüber dem Patienten oder umgekehrt. Der Community Interpreter soll jedes gesagte Wort dolmetschen, auch wenn es für ihn einfacher wäre, abfällige Bemerkungen des Arztes oder des Patienten wegzulassen. Es gehört nicht zur Aufgabe des advocates den Patienten oder Arzt in irgendeiner Weise zu schützen. Das Gespräch zwischen Arzt und Patient soll auch in Anwesenheit eines Community Interpreters so verlaufen wie ein Gespräch zwischen gleichsprachigen Gesprächspartnern. Der Dolmetscher soll immer unparteiisch und neutral bleiben (vgl. DHAWAN et. al. 1995:185). Selbst wenn der Dolmetscher aus früheren Erfahrungen weiß, dass ein Patient lügt oder absichtlich schweigt, sollte er das dem Arzt nicht erzählen, denn in einem Gespräch zwischen Gleichsprachigen kann der Patient auch dem Arzt Dinge verschweigen oder ihn absichtlich in die Irre führen.
Nicht nur während des Gespräches muss der Community Interpreter als advocate auftreten. Auch nach dem Gespräch muss er oft diese Rolle übernehmen, um den Patienten über seine Rechte und weiteren Möglichkeiten aufzuklären:

„Often a busy doctor will give last-minute instructions to the patient and then rush off, telling the interpreter to „convey the information" to the client" (ROBERTS 1997:15).

Des Weiteren muss der Community Interpreter auch Tätigkeiten übernehmen, die mit der Sprachmittleraufgabe des Dolmetschers wenig zu tun haben. So muss er z.B. Telefonate für den Patienten erledigen oder dessen Formulare ausfüllen. Mit dieser Rolle des „Freundes" muss der Community Interpreter vorsichtig umgehen, um seine Neutralität zu bewahren.

„The „Mary Poppins" interpreters who attempt to do everything are a danger to themselves, their clients and everyone else" (CORSELLIS 1997:81).

Abschließend lässt sich sagen, dass ein Großteil der Komplikationen, die in Gesprächen zwischen Arzt und Patient auftreten, vermieden werden könnten, wenn von Anfang an die Möglichkeit bestehen würde, einen professionell ausgebildeten medizinischen Dolmetscher hinzuziehen.

3. Ist-Zustand: Community Interpreting in der Welt

Leider sieht die Realität nicht so aus, dass man von Anfang an einen professionellen medizinischen Dolmetscher hinziehen kann. Es gibt zurzeit nur wenige Länder auf der Welt, in denen Community Interpreting einen professionellen Status mit Ausbildungsmöglichkeiten und anerkannten Abschlüssen hat. Australien verfügt als einziges Land über eine lange Community Interpreting-Tradition und kann daher als Vorreiter für die Professionalisierung des Berufs gelten.

> „When we [Australians; Anm. des Verfassers] go overseas we groan with agony at how far the rest of the world is so far behind what we have" (Anhang 2).

Auch in Nordamerika zeigt sich eine positive Tendenz im Bereich Community Interpreting, denn die USA und Kanada haben in den letzten Jahren große Fortschritte gemacht, um die Arbeitsbedingungen und Standards der Community Interpreter zu verbessern. Das Bild in Europa stellt sich im Vergleich zu Australien und Nordamerika allerdings völlig anders dar. In Europa ist nur Schweden ein Vorzeigebeispiel im Bereich des Community Interpretings. Die Schweden haben u.a. Gesetze für Community Interpreter erarbeitet und in Kraft gesetzt. Die drei deutschsprachigen Länder Europas - Deutschland, Österreich und die Schweiz - haben sich in der Vergangenheit nie als Einwanderungsländer gesehen und sehen sich daher auch nicht gezwungen, sprachlich auf die „nicht vorhandenen" Migranten einzugehen bzw. ihnen entgegen zukommen. Die folgenden Kapitel sollen einen detaillierteren Einblick in den momentanen Status des Community Interpretings in Australien, USA, Kanada, Schweden, Österreich, Schweiz und Deutschland geben. Da sich diese Arbeit schwerpunktmäßig mit der Situation in Deutschland befasst, wird im Abschnitt 3.7 über Deutschland zusätzlich zur Community Interpreting- Thematik auch die Ausländerproblematik im Land aufgezeigt.

3.1 Australien

Englisch ist zwar die offizielle Sprache Australiens, doch werden auf dem australischen Kontinent insgesamt mehr als 40 verschiedene Sprachen gesprochen. Australien ist ein Einwanderungsland. Diese Tatsache wurde allerdings erst nach dem Zweiten Weltkrieg, als über vier Millionen Immigranten aus 120 (meist europäischen Ländern) ins Land kamen, von der australischen Regierung anerkannt. Bis zu diesem Zeitpunkt hatte die australische Migrationspolitik auf die schnelle Integration der wenigen Migranten in die Gesell-

schaft gehofft. „Visitors or migrants entering the country had two choices: integrate or be disadvantaged" (BELL 1997:93). Australien hat nie wie z.b. Deutschland Gastarbeiter angeworben; es hat nur Migranten, die für immer in Australien bleiben sollten, aufgenommen. Aus diesem Grund boten Immigrationsprogramme auch Englischunterricht für Migranten an, die nicht aus anglophonen Ländern stammten. Die Australier rechneten damit, dass die Migranten ihre Muttersprachen relativ schnell aufgeben und Australien bald als ihre neue Heimat und Englisch als ihre neue Muttersprache annehmen würden. Man verlor zunächst keinen Gedanken an Übersetzer oder Dolmetscher. Australien wollte zu einer multikulturellen, aber monolingualen Gesellschaft werden. In den ersten 15 Jahren nach dem Zweiten Weltkrieg emigrierten über zwei Millionen nicht englischsprachige Menschen nach Australien und die Notwendigkeit für Dolmetscher in öffentlichen und medizinischen Einrichtungen wurde immer deutlicher (vgl. OZOLINS 1991:1). Die neu entstandenen Sprachbarrieren beim Arzt, vor Gericht oder bei den Behörden wurden zum Teil mit Hilfe von mehrsprachigen Migranten gelöst. Diese nicht-professionellen Dolmetscher waren zum einen Freunde, Verwandte oder Mitbewohner der Hilfesuchenden und zum anderen Migranten, die ihre Sprachkenntnisse nutzten, um mehr Geld zu verdienen und bessere Berufsperspektiven für sich zu schaffen. In vielen Fällen verfügten diese Dolmetscher selbst nur über geringe Englischkenntnisse. Hierdurch waren die nichtenglischsprachigen Migranten oft benachteiligt, denn nicht jeder „Dolmetscher" war gleich gut. Es gab keine Richtlinien für die Dolmetscher und die Erwartungen der Klienten und des Fachpersonals an ihn waren sehr unterschiedlich. Mitte der sechziger Jahre erkannte die australische Regierung diesen Zustand (vgl. a.a.O.:5). Anfang der siebziger Jahre waren sich die verschiedenen Regierungen in Australien schließlich einig, dass die nichtenglischsprachigen Einwohner des Landes Dolmetscher benötigen, um ihre Rechte wahrnehmen zu können. Zu dieser Zeit veröffentliche beispielsweise das *Australian Department of Immigration* Berichte über den Bedarf an Dolmetschleistungen. Mit Hilfe des ersten Berichtes wurde 1973 ein telefonischer Dolmetschdienst (*Emergency Telephone Interpreter Service*) geplant und gestartet. Zunächst war dieser Dienst nur auf Sydney und Melbourne sowie auf acht Sprachen beschränkt. Heute hat sich dieser telefonische Dolmetschdienst in den *Translating and Interpreting Service* (TIS) umgewandelt, welcher landesweit rund um die Uhr im Einsatz ist. TIS bietet professionelle Dolmetscher mit Kenntnissen in über 100 Sprachen an (vgl. AUSTRALIAN DEPT. OF IMMIGRATION AND MULTICULTURAL AFFAIRS 2001a).
Trotz der oben erwähnten Erkenntnisse und Initiativen herrschte in den siebziger Jahren noch immer Uneinigkeit über den Bedarf von Dolmetschleistun-

gen für Migranten. So soll der Gesundheitsminister von Victoria State noch Mitte der siebziger Jahre Folgendes gesagt haben:

> „There is nothing wrong with relatives, children, domestic staff and other patients being used as interpreters" (vgl. OZOLINS 1991:6).

Eine wichtige Frage der Diskussionen der siebziger Jahre war die Frage nach der Qualität der Dolmetschleistungen. Um diese Frage beantworten zu können, wurde im September 1977 auf Initiative der Einwanderungsbehörde (*Department of Immigration and Ethnic Affairs* (DIEA)) die staatlich finanzierte *National Accreditation Authority for Translators and Interpreters* (NAATI) ins Leben gerufen. Ihre Aufgabe bestand darin, Maßstäbe für die Qualität der Dolmetschleistungen aufzustellen und zu überwachen. Des Weiteren sollte die NAATI ein Akkreditierungssystem und staatlich anerkannte Berufe für Übersetzer und Dolmetscher entwickeln.

> „Until NAATI, there were no standards [...]. Equally, until NAATI, there was no identifiable profession" (BLEWETT zit. nach ROBERTS 1997:24).

Im Jahre 1978 gab es den ersten umfassenden Bericht über Dienste für Migranten. Dieser Bericht zeigte die Unzulänglichkeiten der Dolmetschdienste und empfahl Sonderdienste für das Gesundheitswesen. Daraufhin wurden in verschiedenen Staaten neue Einrichtungen gegründet wie der *Health Care Interpreter Service* (HCIS) in New South Wales, der *Central Health Interpreter Service* (CHIS) oder der *Mental Health Interpreter Service* in Victoria (vgl. OZOLINS 1991:14). Das *Hospital Interpreter Program*, welches später in HCIS umbenannt wurde, hatte bereits 1977 27 Dolmetscher für 17 Krankenhäuser im Raum Sydney.

1980 fing die NAATI schließlich mit ausführlichen Tests und Dolmetschkursen an. Am Anfang fehlte es jedoch an qualifizierten Lehrern für Community Interpreting und das Lehren und Lernen war eher ein *learning-by-doing-* Prozess. Um diesen Problemen entgegenzuwirken, wurde die *Interpreter Translator Educators Association of Australia* (CITEAA) gegründet. Des Weiteren wurden in den Jahren 1992 bis 1993 das System und die Kurse der NAATI überholt; heute beinhaltet das System vier Kompetenzgrade: vom *paraprofessional* bis hin zum *advanced senior*. 1995 überarbeitete das *Australian Institute for Interpreters and Translators* (AUSIT) zusammen mit der NAATI den Ethikkodex für Dolmetscher. Eine Akkreditierung durch die NAATI ist heute die einzig anerkannte Qualifikation für Dolmetscher und Übersetzer in Australien. Und nur akkreditierte Personen werden im Bereich Community Interpreting beschäftigt. Leider werden nicht alle Sprachen von der NAATI getestet und auch einzelne

ausländische Abschlüsse werden von ihr nicht anerkannt (vgl. LASCAR 1997:119).
Wie weit die Australier den Europäern im Dolmetscherbereich voraus sind, zeigt u.a. die so genannte „Interpreter Card". Die Interpreter Card erlaubt nicht-englischsprachigen Personen die kostenlose Hinzuziehung von ausgebildeten Dolmetschern im Umgang mit staatlichen Behörden. Die Australier geben sich jedoch nicht mit ihren bisherigen Errungenschaften im Community Interpreting- Bereich zufrieden; sie arbeiten weiterhin an einer Verbesserung der Situation und die NAATI versucht trotz Rationalisierungen und einer härteren Politik der Regierung, zukünftige Entwicklungen und Ausbildungsprogramme zu unterstützen (vgl. BELL 1997:96):

> „The ultimate goal is seen to be the achievement of a proper balance between I/Ts [interpreters and translators; Anm. des Verfassers] needed to assist Australia's ethnic communities and I/Ts needed to support the country's international and geopolitical needs" (a.a.O.:96).

Die Australier waren sich von Anfang an bewusst, dass es nicht ausreicht, nur Dolmetscher auszubilden. Auch Ärzte, Arzthelferinnen, das Krankenhauspersonal etc. müssen „ausgebildet" werden, um sich an den Umgang mit dem neuen Dolmetscherdienst zu gewöhnen:

> „[...] it is already clear that doctors and other hospital staff also need training to use an interpreter service effectively [...]" (MARTIN zit. nach OZOLINS 1991:13).

Aus diesem Grund beinhaltet die heutige Ausbildung von Krankenschwestern und Ärzten in Australien auch ein Training im Umgang mit medizinischen Dolmetschern. 1999 und 2000 mussten beispielsweise alle Berufsanfänger beim *Southern Health Care Network* Community Interpreting- Unterricht von Helen Tebble, einer führenden australischen Community Interpreting- Expertin, bekommen. Im Unterricht lernten sie u.a. wie man über einen Dolmetscher in einer *face-to-face*-Situation oder am Telefon mit dem Patienten kommunizieren kann (vgl. Anhang 2). Ein anderes Beispiel für die fortschrittliche Arbeit der Australier auf dem Gebiet des Community Interpretings war der heute leider nicht mehr existierende Studiengang *Bachelor of Arts* an der Deakin University in Victoria (vgl. ROBERTS 1997:1; Anhang 2). Innerhalb dieses Studienganges hatten die Studierenden die Auswahl zwischen mehreren Sprachen wie Japanisch, Türkisch, Vietnamesisch, etc..
Trotz seiner Vorbildfunktion gibt es auch in Australien weiterhin einiges zu tun, denn in den letzten Jahren hat sich das australische System auf Grund von finanziellen Einschränkungen und negativer Regierungspolitik verschlechtert (vgl. Anhang 2).

3.2 USA

Artikel VI des amerikanischen *Civil Rights Acts* von 1964 sagt, dass kein Mensch auf Grund seiner Rasse, Farbe oder nationaler Herkunft von den Leistungen eines staatlich unterstützten Programms ausgeschlossen werden darf. Da die meisten *Health Care Institutions* in den USA von *Federal Health Grant Programmes* unterstützt werden, gilt auch hier der oben genannte *Civil Rights Act*. Menschen, die sich z.B. durch ihre fehlenden Englischsprachkenntnisse benachteiligt fühlen, können daher eine Beschwerde beim *Department of Health and Human Services* (HHS) oder beim *Office for Civil Rights* einreichen. Viele Krankenhausdolmetsch- Services sind auf Grund von Beschwerden dieser Art ins Leben gerufen worden (vgl. PUEBLA FORTIER 1997:166). Auch im „Melting Pot" USA wurden die sprachlichen Probleme im medizinischen Bereich erst spät erkannt. Erst mit neuen Wellen von Flüchtlingen in den siebziger Jahren haben Krankenhäuser und soziale Einrichtungen die Defizite erkannt und Schritte dagegen unternommen. 1982 entschlossen sich beispielsweise 10 Krankenhäuser im Bundesstaat Washington die Dolmetscherdienste der *Health Care Language Bank* in Anspruch zu nehmen. Heute ist die *Health Care Language Bank* unter dem Namen *Community Interpretation Services* (CIS) bekannt. Diese Institution hat im Jahr 1994 für mehr als 10.000 Personen im sozialen Bereich gedolmetscht. Die *Language Bank* der Universität von Iowa bietet zurzeit 135 Dolmetscher mit Kenntnissen in mehr als 40 Sprachen für Patienten in Krankenhäusern und Kliniken im Bundesstaat Iowa an (vgl. UNIVERSITY OF IOWA HEALTH CARE 2001).
1990 trat der *Disadvantaged Minority Health Improvement Act* in Kraft. Dieses Gesetz besagt, dass *Community Health Center*, welche staatliche Unterstützung bekommen, eine gesundheitliche Grundversorgung in der Sprache des Patienten anbieten müssen. Drei Millionen Dollar stehen dem *Department of Health and Human Services* jährlich zur Verfügung, so dass die *Primary and Preventative Health Care*- Anbieter Dolmetscher beschäftigen können. In den Bundesstaaten Kalifornien, Maryland, New York und Vermont müssen die *Health Care Facilities* sogar laut Gesetz Dolmetscher anbieten. Andere Staaten wie Florida oder New Jersey sehen zwar die Notwendigkeit von Dolmetschern, erließen aber bis heute kein Gesetz, welches die Verwendung von Dolmetschern festlegt (vgl. PUEBLA FORTIER 1997:169). Obwohl die sprachlichen Probleme der nicht-englischsprachigen Patienten erkannt worden sind, unterstützen nur Kalifornien und Washington Kurse für medizinisches Dolmetschen mit anschließender Anerkennung. Des Weiteren findet man in diesen beiden Staaten auch Verbände für medizinische Dolmetscher. Zu diesen Verbänden gehört z.B. die *National Working Group on Interpretation in Health Care* (vgl. ROAT;OKAHARA 1998:4). Da zurzeit die Allgemeinbevölkerung in den

USA nicht sehr viel über die Arbeit und Notwendigkeit von Community Interpretern weiß, obliegt den Verbänden die Aufklärungsarbeit. Der Ist-Zustand in den USA gleicht im Moment dem vieler anderer Länder. Auch hier werden Dolmetschtätigkeiten überwiegend von nicht-professionellen Dolmetschern ohne Akkreditierung, Unterstützung und Entgelt ausgeübt. Die Arbeit des Community Interpreters wird wie in den folgenden Zitaten zu erkennen ist von Verwandten, Freunden, Kindern usw. ausgeübt:

„A doctor in the emergency room of a major academic medical center in Manhattan called the owner of a local Vietnamese restaurant after midnight, asking him to please interpret for a patient from Saigon" (FEIN 1997).

„[…] to provide services to a growing number of limited-English-proficient patients […] many (medical centers) have responded by drafting bilingual staff into service as interpreters, requiring patients to bring family members who speak English, or even asking assistance from strangers in the waiting room" (ROAT/OKAHARA 1998).

Zwischen 1990 und 1996 führte das *Massachusetts General Hospital* eine Studie durch, in der festgestellt wurde, dass es auf Grund von nicht ausgebildeten Dolmetschern zu einem hohen Grad an Missverständnissen, Auslassungen und Hinzufügungen kam (vgl. ROAT;OKAHARA 1998:2). Ohne staatliche Annerkennung würden die Fähigkeiten eines Dolmetschers nicht gewürdigt und Ärzten sowie Patienten fehle die Möglichkeit, zwischen guten und schlechten Dolmetschern zu unterscheiden. Wenn ein Patient z.B. versäumt, seinen eigenen Dolmetscher mitzubringen, wird in den meisten Fällen der billigste Community Interpreter angeheuert. Durch diese Praxis verliere der Beruf des Community Interpreters sein Ansehen und sei daher weit von der Professionalität entfernt (vgl. MIKKELSON 1996b:8).

„The respect of other professionals for community interpreters will certainly increase if the latter's competency is guaranteed by a rigorous system. […] what is also required is national recognition of their interpreting skills by means of an accreditation procedure established by a professional body […]" (ROBERTS 1994 zit. nach a.a.O.:8).

Trotz dieser Erkenntnisse gibt es bis heute sehr wenig Ausbildungskurse für medizinische Dolmetscher in der USA. Vor 12 Jahren gab es sogar nur wenig Lehrmittel, um Menschen in diesem Beruf auszubilden (vgl. ROAT;OKAHARA 1998). Und bis heute besteht keine Einigkeit darüber, was Community Interpreter genau lernen oder wie sie ihre Arbeit ausüben sollen.
Private Institutionen wie die *NYU School of Medicine* in New York bieten zwei unterschiedliche Kurse für medizinische Dolmetscher in ihrem *Center for Immigrant Health* (CIH) an. Die Kurse sind für zweisprachige Personen ohne

Qualifikation gedacht. Die Schüler können Gedächtnis- und Verständnisfähigkeiten, Dolmetschtechniken, medizinische Terminologie und Dolmetschethik erlernen. Nach beiden Lehrgängen können zukünftige Ausbilder einen *train-the-trainer-* Kurs absolvieren. Die Kandidaten für die CIH- Kurse müssen sich einem zweistündigen und zweisprachigen Interview unterziehen, in dem ihre Fähigkeiten beurteilt werden (vgl. NEW YORK UNIVERSITY SCHOOL OF MEDICINE 2001).
Seit 1992 existiert am *Hunter College* in New York ein *Community Interpreting Project* (CIP) für zweisprachige Studenten. Diese Studenten werden als medizinische Dolmetscher ausgebildet, sollen aber nicht die oben angesprochenen Rollen des *advocates* oder *culture brokers* übernehmen. Das College ist davon überzeugt, dass man in nur einem Semester zweisprachige Studenten als medizinische Dolmetscher ausbilden kann, die ihre Arbeit einwandfrei beherrschen (vgl. MICHAEL et al. 1997:238ff).
1995 wurde das *International Interpretation Resource Center* (IIRC) des *Monterey Institutes* unter der Leitung von der Community Interpreting- Expertin Holly Mikkelson gegründet. Das IIRC versucht, mehr Aufmerksamkeit auf das Community Interpreting als spezialisierten Bereich des Dolmetschens zu lenken und bietet mehrere Trainingskurse an, um den wachsenden Problemen, die auf Grund von fehlenden Community Interpretern, welche Spanisch oder zumindest eine der Ursprachen Mexikos und Guatemalas sprechen, entgegenzuwirken. Das IIRC unterstützt nationale Organisationen in den USA, die versuchen das Niveau der Community Interpreter anzuheben. Man erhofft sich dadurch bessere Arbeitsbedingungen (Verträge, Entgelt) für die Dolmetscher und besser Auswahlmöglichkeiten (staatlich anerkannte Dolmetscher) für die Klienten. In Zukunft möchte auch die *Mayo School of Health Related Sciences* mit dem IIRC an einem "medical interpreter training program" zusammenarbeiten (vgl. MONTEREY INSTITUTE OF INTERNATIONAL STUDIES ONLINE 2001).

3.3 Kanada

Auch im Nachbarland der USA - Kanada - mit seinen starken Traditionen als Einwanderungsland und im Bereich des Community Interpretings (vgl. ROBERTS 1997:7) sind erst in den letzten Jahren Bemühungen gemacht worden, um die Sprachbarrieren zwischen Arzt und Patient abzubauen. Das *Ontario Ministry of Citizenship* rief Anfang der neunziger Jahre mehrere Projekte ins Leben, um so genannte „Cultural Interpreters" auszubilden. Ende 1992 folgte im Großraum Toronto die Gründung des *Hospital Cultural Interpreters Networks*, welches mit 12 Krankenhäusern und Gesundheitszentren zusammenarbeitet.

In der Stadt Iqaluit auf Baffin Island im Norden Kanadas befindet sich das *Nunavut Artic College*, wo seit 1987 Vollzeitunterricht für Community Interpreter in Inuit und Englisch stattfindet, der vom kanadischen *Department of Health* finanziert wird. Das College bietet auch einen zehnwöchigen *Community Medical Interpreting*- Teilzeitkurs mit insgesamt 300 Stunden Unterricht an. Während dieser Zeit lernen die Teilnehmer Sprach-, Fach- und Dolmetschfähigkeiten (vgl. PENNEY;SAMMONS 1997:74ff). Auch private Institutionen wie der *London Cultural Interpretation Service* (LCIS) versuchen die Community Interpreting- Situation in Kanada zu verbessern (vgl. GARBER;MAUFFETTE-LEENDERS 1997).
Trotz dieser sehr positiven Entwicklungen zeigte eine Untersuchung des *Hospital Cultural Interpreters Networks* aus dem Jahr 1993, dass auch in Kanada die Dolmetschtätigkeiten überwiegend von Freunden, Verwandten, usw. und nicht von ausgebildeten Community bzw. Cultural Interpretern ausgeübt werden (vgl. PÖCHHACKER 2000:146). Das Training für Community Interpreter ist in Kanada oft sehr kurz und monolingual. Es werden darüber hinaus häufig bloß Theorien und Techniken des Dolmetschens besprochen anstatt wirklich zu dolmetschen, so dass auch in Kanada Folgendes gilt:

„[...] even „trained" community interpreters are [...], for the most part, not as skilled as one would like them to be" (ROBERTS 1997:18).

Von 1997 bis 1998 untersuchten Roat und Okahara insgesamt 23 Ausbildungskurse für medizinische Dolmetscher in den USA und Kanada. Acht dieser Kurse fanden an Hochschulen, vier in Medical Centers, zwei unter Schutz des *State and County Health Departments* und die anderen neun in privaten Schulen statt. Das Ziel von allen Kursen war es, zweisprachige Personen, die schon als Dolmetscher arbeiteten, auf die Arbeit als Dolmetscher im medizinischen Bereich vorzubereiten. Nur fünf Kurse waren für reine Berufsanfänger gedacht. Die Kurse wurden durch Gebühren (zwischen $30 und $1.100), öffentliche Mittel und staatliche Zuschüsse unterstützt und dauerten von sechs Stunden bis zu zwei Jahren. Am Ende der Kurse bekamen die Absolventen ein Zeugnis über die Ausbildung als Medical Interpreter. Zehn Kurse erwähnten, dass ihre Zeugnisse und Ausbildungen im Allgemeinen überall in ihrem *County* anerkannt wurden, aber nicht auf nationale Ebene. Nur eine Ausbildungsstätte sagte, dass ihr Abschlusszeugnis von einigen Medical Centers benötigt wurde. Andere Schulen äußerten ihre Zweifel an der Annerkennung ihrer eigenen Ausbildung:

„[...] in a state with no concern for quality control in interpreting, nobody cares if an interpreter has a certificate or not" (ROAT;OKAHARA 1998:9).

Bei nur einem Drittel der Kurse mussten die Teilnehmer eine mündliche Prüfung bestehen. Die Begründung hierfür sei die kurze Dauer vieler Kurse und die Schwierigkeiten, die mit mündlichen Prüfungen einhergehen. Die Untersuchung von Roat und Okahara zeigte deutlich, dass die Zahl von Ausbildungsstätten für medizinische Übersetzer in den USA und Kanada stetig wachsen. Die Zahl der Kurse im Hochschulbereich sowie der kurzen Kurse, welche beabsichtigen, die Kompetenz von erfahrenen Dolmetschern zu erhöhen, steigen. Um allerdings die Kompetenz der Ausbildungsstätten zu steigern, muss die Kommunikation und Arbeit zwischen den verschiedenen Anstalten verbessert werden. Des Weiteren muss mehr finanzielle Unterstützung vom Staat für professionelle Ausbilder und angemessene Lehrmittel gefordert werden (vgl. ROAT;OKAHARA 1998).

3.4 Schweden

„Das Paradebeispiel für migrationsbezogene Translationspolitik und Dolmetscherdienste im europäischen Raum ist Schweden [...]" (PÖCHHACKER 2000:145).

Die schwedische Zuwanderungspolitik sieht vor, dass Migranten, die Schwedisch nicht sprechen können, das Recht auf einen kostenlosen Dolmetscher bei Gesprächen zwischen ihnen und öffentlichen Einrichtungen haben. So ist es im §8 des schwedischen Verwaltungsgesetzes festgelegt:

„Wenn es eine Behörde mit jemandem zu tun hat, der die schwedische Sprache nicht beherrscht, oder ernsthafte Gehör- oder Sprechbehinderung aufweist, sollte die Behörde bei Bedarf einem Dolmetscher in Anspruch nehmen" (DHAWAN et al. 1995:180).

In Schweden entscheidet der Hilfesuchende, ob er einen Dolmetscher für notwendig erachtet. Die Kosten, die dabei anfallen, werden vom Staat oder von der jeweiligen öffentlichen Einrichtung übernommen.
Seit Ende der sechziger Jahre gibt es den schwedischen Dolmetscherdienst sowie staatliche Anerkennung und Ausbildungsmöglichkeiten für Dolmetscher im medizinischen und sozialen Bereich. Der Beruf des Community Interpreters hat den gleichen professionellen Status wie alle anderen Berufe in Schweden. Um den Beruf zu erlernen, muss man zuerst eine amtliche Prüfung bestehen (vgl. a.a.O.:179). In keinem anderen europäischen Land können Migranten die Hilfe ausgebildeter Dolmetscher in dem Maße in Anspruch nehmen wie sie es in Schweden können. So existieren in ungefähr 90 schwedischen Städten Dolmetscheragenturen, in denen circa 5.000 Community Interpreter gemeldet sind. Diese Community Interpreter können ihren erlernten

Beruf in mehr als 100 Sprachen sowie *face-to-face*, per Telefon oder per Video ausüben. Seit 1968 werden Grundkurse und Weiterbildungsmöglichkeiten für Community Interpreter in Erwachsenenbildungszentren (*studieförbund*) und Volkshochschulen (*folkhögskolor*) angeboten. Diese Kurse beschäftigen sich mit den Sprachfähigkeiten der Teilnehmer, mit Dolmetscherstrategien und -techniken, Dolmetschethik, Fachkenntnissen und fachsprachlichen Kenntnissen des gewünschten Arbeitsgebietes. Sie versuchen darüber hinaus die politischen, kulturellen und sozialen Kenntnisse der Teilnehmer zu fördern. In den Erwachsenenbildungszentren und Volkshochschulen hat man die Möglichkeit, zwei Abschlüsse zu machen. Während der eine Abschluss eine Grundprüfung zum anerkannten Dolmetscher darstellt, ist der zweite Abschluss vergleichbar mit einer Zusatzqualifikation (im juristischen oder medizinischen Bereich), in der das Fachwissen der Kandidaten überprüft wird. Wer den Kurs mit einem Examen des *Kommerskollegium* in Stockholm erfolgreich abschließt, erhält den Titel Rechtsdolmetscher oder Krankenpflegedolmetscher. Beide Prüfungen sind mündlich und schriftlich und beinhalten u.a. folgende Themenbereiche: Sprachwissenschaft, Fachkenntnisse, Rollenspiele. Die staatliche Prüfung muss alle fünf Jahre wiederholt werden. Diese Kurse wurden vom *Institut für Dolmetschen und Übersetzen* der Universität Stockholm entwickelt. Schon 1995 hat sich das Institut die folgenden Ziele gesetzt:

- „to develop the community interpreters' language proficiency and knowledge of terminology in Swedish and in their other interpreted language, based on both the language milieu from which the immigrants to Sweden come and the one in which they now live.
- to provide training in interpretation technique as well as knowledge of the ethical and psychological demands of interpreting;
- to provide factual information in relevant fields, as well as
- to provide a good understanding of social, political, cultural and labour affairs in the immigrants' native country and in Sweden" (vgl. INSTITUTE FOR INTERPRETATION AND TRANSLATION STUDIES STOCKHOLM UNIVERSITY 1997).

Leider werden nur sehr wenig Sonderkurse für aktuell notwendige Sprachen und Fachbereiche angeboten wie z.B. Kurse für Frauenkrankheiten oder tropische Medizin (vgl. DHAWAN et al. 1995:179f). Das *God tolksed*[7] (ins Deutsche übersetzt: gutes Dolmetschen) erklärt die Grundrichtlinien und Ethik für die schwedischen Community Interpreter (vgl. NISKA 1998; WADENSJÖ 1998:48ff). Das Fachpersonal, das mit Dolmetschern zusammenarbeiten möchte, hat die Möglichkeit, an speziellen Schulungen teilzunehmen, um die Arbeit und Probleme der Community Interpreter kennen zulernen.

---

[7] Das *God tolksed* ist ein Buch über die ethischen Richtlinien für Community Interpreter, welches von der National Agency of Lands and Funds in Schweden herausgegeben wird (vgl. NISKA 1998).

Trotz dieser enormen Fortschritte, die Schweden in den letzten 30 Jahren gemacht hat und obwohl Schweden für andere Länder in Europa zu einem Vorbild im Community Interpreting geworden ist, wird das Dolmetschen zum Teil immer noch von Laien ausgeübt. Einige Einrichtungen unterstützen diese Situation sogar (vgl. NISKA 1989:9. In: PÖCHHACKER 2000:146).

3.5 Österreich

Im Gegensatz zu Schweden scheint in Österreich noch fast niemand vom Beruf des Community Interpreters gehört zu haben.

„The practice of community interpreting in Austria is poorly developed, and training for community interpreters is altogether non-existent" (PÖCHHACKER 1997:224).

Mehr als fünf Prozent der Menschen, die in Österreich leben, sind keine österreichischen Staatsbürger. Die Hauptstadt Wien ist ein Ballungszentrum ausländischer Mitbürger; dort leben über 300.000 Nicht-Österreicher, das sind 18,4 Prozent der Gesamtstadtbevölkerung (vgl. PÖCHHACKER 2000:147). Der Großteil der Ausländer in Österreich stammt aus den Balkanländern (circa 255.000 Menschen) und aus der Türkei (circa 70.000 Menschen). Obwohl die Anzahl der Nicht-Österreicher durchaus hoch ist, wird sie nicht als Grund gesehen, um für eine professionelle Ausbildung und Annerkennung von Community Interpretern zu sorgen. So kommt es nach wie vor vor, dass in einer großen Wiener Krankenversicherungsgesellschaft Büroangestellte Dolmetschtätigkeiten für die serbokroatischen Klienten und die Türkischsprechenden Putzfrauen Dolmetschtätigkeiten für die türkischen Klienten übernehmen. Eine Untersuchung zeigte, dass das größte Krankenhaus Wiens nicht über eine Liste professioneller Dolmetscher, sondern lediglich über eine Liste des Krankenhauspersonals, welches Fremdsprachenkenntnisse hat, verfügte. Diese Liste beinhaltete 20 Krankenhausangestellte von Fachkräften bis zu hin zu Reinigungskräften, die sich bereit erklärt hatten, Dolmetschtätigkeiten zu übernehmen. „[...] die Putzfrauen stellen ein flächendeckendes Reservoir an „Fremdsprachenkundigen" dar" (PÖCHHACKER a.a.O.:175). Die Tatsache, dass Türkisch auf der Liste fehlte, obwohl über 70.000 Türken in Österreich leben, zeigt deutlich die fehlende Planung und Nachteile dieser Arbeitsmethode (vgl. PÖCHHACKER 1997:217ff).
Obwohl aus einem Projekt der *World Health Organisation* (WHO) in Österreich mehrere Modellversuche hervorgegangen sind und es zu Festanstellungen von Sprach- und Kulturmittlerinnen und zur Einrichtung von Dolmetscherlisten in Wiener Gemeindespitälern und anderen Krankenhäusern wie dem *Allgemeinen Krankenhaus* (AKH) gekommen ist, werden Gespräche zwischen

Krankenhauspersonal und nicht deutschsprachigen Patienten in Wien heutzutage immer noch überwiegend von nicht-professionellen Personen gedolmetscht (vgl. PÖCHHACKER 2000:147ff). Ein Serbokroatischsprechender Patient mit österreichischem Hochschulabschluss wurde beispielsweise während seines Aufenthaltes in einem Wiener Rehabilitationszentrum als Dolmetscher „herangezogen": „[...] [he] was „jumped on" by nurses and therapists to interpret" (PÖCHHACKER 1997:223).

Mitte der neunziger Jahre wurde im Auftrag des *Dezernats für Gesundheitsplanung der Stadt Wien* eine Untersuchung der Kommunikation mit nicht deutschsprachigen Patienten in 12 Wiener Krankenanstalten durchgeführt (vgl. FREIGANG 2002:6). Im Rahmen dieser Untersuchung wurde das Krankenhauspersonal (Ärzte, Schwestern, Pfleger und Therapeuten) und nicht die Krankenhausleitung befragt. Man stellte fest, dass Personen aus dem Umfeld der Patienten (Freunde, Kinder, Verwandte) oder des Krankenhauspersonals (fremdsprachige Kollegen, Reinigungskräfte) immer noch die am häufigsten benutzten Sprachmittler waren. Der „im Haus Dolmetscher", welcher in sieben der befragten Anstalten vorhanden war, wurde von mehr als der Hälfte der Befragten nie in Anspruch genommen. Auch die Leistungen von "außer Haus Dolmetschern" wurden von 75 Prozent der Befragten nicht angefordert. Zudem gaben 75 Prozent der Befragten an, dass Kinder häufig oder fast immer als Dolmetscher tätig seien. Die Untersuchung zeigte weiterhin auf, dass Kinder sehr häufig in psychiatrischen Abteilungen als Dolmetscher fungieren. Kinder werden folglich auch für Bereiche hinzugezogen, in denen selbst fachlich ausgebildete Dolmetscher ihre Schwierigkeiten haben werden. Die klare Mehrheit der Befragten (90 Prozent) sagte, dass die Laiendolmetscher große Schwierigkeiten mit dem Verstehen und/oder mit der Beherrschung von medizinischen Fachtermini und Sachkenntnissen in den Gesprächen hatten, so dass ihre unklaren Antworten oft zu Rückfragen führten. Es stellte sich zusätzlich heraus, dass 44 Prozent der Befragten fremdsprachiges Krankenhauspersonal als Kommunikationsmittler bevorzugten. Diese Bevorzugung geschehe allerdings vor allem aus Zeitgründen: „das Krankenhauspersonal ist jederzeit verfügbar bzw. kann ohne Zeitverlust angefordert werden" (PÖCHHACKER 2002:165). Zusammenfassend lässt sich zu dieser Untersuchung sagen, dass 51 Prozent der Mitarbeiter zufrieden mit der Kommunikation mit den nicht deutschsprechenden Patienten waren, während sich 47 Prozent als nicht zufrieden äußerten.

Die Ergebnisse der Untersuchung zeigen deutlich die Zustände im Umgang mit nicht deutschsprachigen Patienten in Österreich; sie können zum Teil sogar als repräsentativ für den derzeitigen Ist-Zustand von Community Interpreting in der Welt betrachtet werden. Auf Grund sprachlicher Defizite wird Patienten der Zugang zu einer korrekten medizinischen Versorgung verwehrt und die Arbeit des Personals erschwert. Vielen Mitarbeitern sind die Vorteile von professionell ausgebildeten Community Interpretern nicht bewusst, für sie stehen andere Dinge im Vordergrund (vgl. AUMILLER 2002:29).

> „Ärztliche Probleme sind andere (z.b. Arbeitszeit, sinnlose Administration...) als ein paar nicht Deutsch sprechenden Patienten. [...] Die gezielte und effektive Behandlung von Krankheiten ist primär an die diagnostische Erfahrung des behandelndes Arztes gebunden. Sprachschwierigkeiten sind absolut nebensächlich" (PÖCHHACKER 2000:178).

In Österreich fehlt es an politischen Impulsen, um die Kommunikation zwischen Personen, die die Mehrheitssprache sprechen und denen, die es nicht tun, zu ermöglichen (vgl. a.a.O.:141ff). Ein möglicher Lösungsansatz – „Fortbildung" - ist übrigens nach der oben erwähnten Untersuchung von der Universität Wien aufgegriffen worden und man hat einen kostenpflichtigen (€ 4.700), berufsbegleitenden universitären Lehrgang konzipiert. Unterrichtsstoff sind Grundlagen des Dolmetschens, Dolmetschübungen, Sachkunde u.a.. Bis heute ist dieser Lehrgang leider nicht realisiert worden. Allerdings wurde im Herbst 2000 ein Dolmetschkurs für Krankenhausdolmetschen angeboten, an dem zweisprachiges Krankenhauspersonal teilgenommen hat. Die Tatsache, dass die Kosten für diesen Kurs (€ 30.000) vom *Wiener Krankenanstaltenverbund* übernommen wurden, zeigt, dass in Österreich und besonders in Wien das Problem der Kommunikation mit Ausländern im medizinischen Bereich nicht länger unter den Teppich gekehrt wird (vgl. PÖCHHACKER 2002, FREIGANG 2002).

3.6 Schweiz

Die Ausbildungs- und Arbeitssituation der Community Interpreter in der Schweiz ähnelt der Österreichs.

> „Die Verständigung von Asylsuchenden und anderen Migranten aus zahlreichen Ländern mit Schweizern ist besonders heikel, wenn es um die Erläuterung, Diagnose und Heilung medizinischer oder gar psychischer Leiden geht" (ARX-WEGNER 2001).

Trotz des Engagements vieler Schweizer seit Mitte der achtziger Jahre ist Community Interpreting immer noch kein anerkannter Beruf. Als positive Erscheinung kann man allerdings den seit 1987 existierenden Spitaldolmetscherdienst nennen, der durch das Hilfswerk der evangelischen Kirche unterstützt wird. Im Spitaldolmetscherdienst werden 51 Dolmetscher, die 21 Sprachen sprechen, beschäftigt; sie arbeiten in Beratungsstellen für Asylsuchende. Die Migranten und Flüchtlinge, die Dolmetschdienste ausüben, können dort Weiterbildungskurse mit Fachunterricht - z.b. im medizinischen Bereich - besuchen und haben somit die Möglichkeit, sich mit anderen Dolmetschern auszutauschen. Vor 12 Jahren wurde auch am *Berner Universitätsspitals Insel* ein Übersetzerdienst mit abrufbaren Dolmetschern gegründet. In der Schweiz ist oft Eigeninitiative gefragt. Ein Allgemeinmediziner aus Bern hat beispielsweise einen bemerkenswerten Alleingang gewagt: er bezahlt eine Dolmetscherin aus eigener Tasche, um so eine vernünftige Kommunikation mit seinen türkischen und kurdischen Patienten zu ermöglichen (vgl. VON ARX-WEGNER 2001). An der *Universitätsklinik* in Genf hat man auch die Vorteile ausgebildeter Dolmetscher erkannt und einen internen Dolmetscherdienst aufgebaut. Hier hat man im Rahmen einer Interventionsstudie (*PROJET QUALITÉ HUG*) eine Broschüre für die Interaktion und Zusammenarbeit zwischen dem Dolmetscher und den Angestellten des Krankenhauses herausgebracht. Interessanterweise enthält diese Broschüre nicht nur Hinweise zur Zusammenarbeit mit ausgebildeten Dolmetschern, sondern auch zur Zusammenarbeit mit Laien-Dolmetschern. Die Studie zeigte des Weiteren die Bereitschaft von Dolmetschern und Krankenhauspersonal zur Weiterbildung und Zusammenarbeit, wodurch eine Fortbildungsreihe ins Leben gerufen wurde. Diese Fortbildungsreihe soll 2003 zur Pflichtveranstaltung werden (vgl. APFELBAUM;BISCHOFF 2002:16). 1999 entstand die *Schweizerische Interessengemeinschaft zur Förderung von Übersetzung und kultureller Mediation im Gesundheits-, Sozial- und Bildungsbereich* als weiterer Impulsgeber für eine Professionalisierung des Dolmetschberufes im medizinischen Bereich. Doch leider verhält es sich trotz dieser positiven Ansätze ähnlich wie in den anderen europäischen Ländern: Noch immer dolmetschen überwiegend Verwandte, Freunde, Kinder, das Krankenhauspersonal usw. (vgl. VON ARX-WEGENER 2001).

3.7 Deutschland

3.7.1 Ausländer in Deutschland

Obwohl die Bundesrepublik Deutschland seit 1957 die Zuwanderung von ausländischen Arbeitnehmern (Gastarbeitern) zulässt, hat sie bis 1998/99 vehement die Tatsache abgestritten, dass Deutschland ein Einwanderungsland ist.

> „Deutschland ist seit den sechziger Jahren aus ökonomischen, demographischen und humanitären Gründen de facto zu einem Einwanderungsland geworden - allerdings zu einem „Einwanderungsland wider Willen"" (GEIßLER 2000:32).

Der Begriff *Gast*arbeiter deutet bereits an, was Deutschland von diesen Arbeitern erwartete: Sie sollten nur vorübergehend als Gäste im Land bleiben und irgendwann in ihre Heimat zurückkehren, neue Arbeitskräfte sollten dann ihre Plätze einnehmen. Dieses Austausch-Prinzip ist auch als „Rotationsprinzip" bekannt. Im Laufe der Zeit wurde allerdings immer deutlicher, dass die Gastarbeiter in der BRD bleiben wollten und somit zu Langzeitgästen wurden. Aus den Gästen von einst wurden schließlich ausländische Mitbürger. Doch leider blieben die Probleme der Integration in die deutsche Gesellschaft bestehen.

> „Es wurde deutlich, dass das rein ökonomisch gedachte Rotationsprinzip die menschlichen Aspekte der Arbeitsmigration außer Acht gelassen hatte" (GEIßLER 2000:31).

1960 lebten circa 700.000 Menschen ohne deutsche Staatsangehörigkeit in der BRD. Um die Mängel an Arbeitskräften für die stark anwachsende deutsche Wirtschaft zu beseitigen, schloss die BRD zwischen 1955 und 1968 mehrere Anwerbeabkommen mit verschiedenen Ländern ab. Zu diesen Ländern gehörten u.a. Italien (1955), die Türkei (1961), Spanien (1960) und Jugoslawien (1968). Das größte Kontingent an Gastarbeitern stellten die Türken, gefolgt von Jugoslawen, Italienern, Griechen, Österreichern und Spaniern. 1962 kamen rund 629.020 Menschen nach Deutschland und machten 1,3 Prozent der damaligen Beschäftigten aus. 1965 überstieg die Zahl der Gastarbeiter bereits die eine Millionen Grenze und 1973 stieg die Zahl ausländischer Arbeitnehmer auf 2.600.000 (10,5 Prozent alle Beschäftigten). Abbildung 2 (HEIL 2001:11) gibt noch einmal einen genauen Überblick über die Entwicklung ausländischer Arbeitnehmer in Deutschland seit 1960.

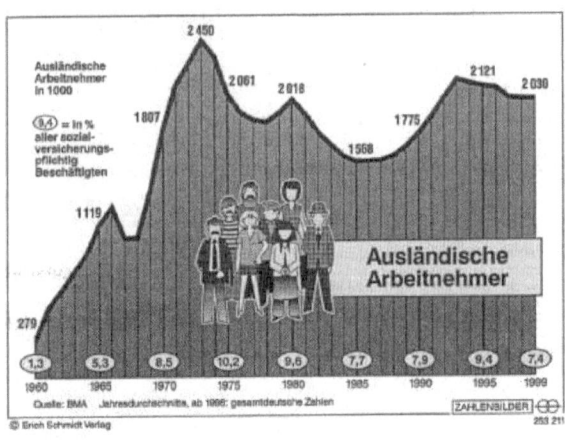

Abbildung 2: Ausländische Arbeitnehmer in der BRD

Seit 1973 ist die Anwerbung ausländischer Arbeitskräfte von der Bundesregierung gedrosselt worden und bis vor kurzem war das Anwerben ausländischer Arbeitnehmer aus Staaten, die nicht der Europäischen Union (EU) angehören, nicht gestattet. Am 01.08.2000 begann allerdings eine neue Welle der Anwerbung von Arbeitskräften. Die so genannte Green Card- Verordnung der Bundesregierung trat in Kraft: Spezialisten der Informationstechnologie erhalten im Rahmen dieser Verordnung Arbeits- und Aufenthaltserlaubnisse für maximal fünf Jahre. Die Bundesregierung erhofft damit bis zu 20.000 Spezialisten aus Nicht-EU- Staaten aufzunehmen. Sie plant weiterhin eine Ausdehnung der Verordnung auf andere Berufsbereiche (vgl. BUNDESREGIERUNG ONLINE 2001a). Vorraussetzung, um eine Green Card zu bekommen, ist übrigens nicht die Beherrschung der deutschen Sprache. Eine Förderung der sprachlichen und kulturellen Integration dieser Facharbeiter ist auch nicht vorgesehen.

Betrug die Zahl der in der BRD lebenden Ausländer Anfang der achtziger Jahre noch 4.450.300, waren es Ende 1999 bereits 7.343.591 Ausländer (vgl. STATISTISCHES BUNDESAMT ONLINE 2001e). Einen genauen Überblick über die Zahl der heute in der BRD lebenden Ausländer und deren Herkunft gibt Tabelle 2 (vgl. STATISTISCHES BUNDESAMT ONLINE 2001d).

Zahl der Ausländer in der BRD	Herkunft der Ausländer in der BRD
5.930.311*	Europa
300.611*	Afrika
205.373*	Amerika
823,092*	Asien

*(Stand 2000)

Tabelle 2: Ausländer in der BRD heute

Die Türken stellen immer noch die größte Zahl der ausländischen Mitbürger dar (2.053.564). Gefolgt werden sie von Menschen aus der Bundesrepublik Jugoslawien (737.204), Bürgern der Europäischen Union (1.858.672) und Menschen aus Asien und Afrika (1.123.703)[8]. Allerdings muss man hierzu sagen, dass in den letzten Jahren deutlich mehr Ausländer weggezogen sind als zugezogen. 1997/98 überstieg die Zahl der Auswanderer sogar die der Zuwanderer. Rein rechnerisch gesehen könnte man die BRD daher sogar als Auswanderungsland bezeichnen (vgl. BUTTERWEGGE et al. 1999:8;

---

[8] Stand 31.12.1999

KNAUP 2000). Nicht vergessen darf man jedoch, dass die rückgängige Ausländerzahl mit einer gestiegenen Zahl an Einbürgerungen einherging. Durch das am 01.01.2000 in Kraft getretene „Territorialprinzip" gilt auch in Deutschland, dass Ausländer durch ihre Geburt in Deutschland das Recht auf die deutsche Staatsangehörigkeit haben. Diese Menschen werden nicht mehr als ausländische Mitbürger in der Statistik erfasst, sondern als Deutsche ethnischer Minderheiten. Aus diesem Grund geben die Zahlen nicht immer das genaue Bild wieder (vgl. GEIßLER 2000:30; HEIL 2001:11; KÖNIGSEDER 2001:22f). Die *Konrad-Adenauer-Stiftung* (KAS) in Berlin rechnet damit, dass bis 2012 ungefähr 90 Prozent der türkischen Bevölkerung einen Einbürgerungsantrag stellen werden. Im Jahr 2000 sind insgesamt 187.000 Personen eingebürgert worden, 30 Prozent mehr als ein Jahr zuvor. Diese Tatsache ist hauptsächlich auf die Reform des Staatsangehörigkeitsrechts vom 01.01.2000 zurückzuführen. Abbildung 3 (GEIßLER 2000:33) soll zeigen, wo Ausländer in der BRD wohnen. Die meisten Ausländer sind in den Großstädten und industriellen Ballungszentren der alten Bundesländer ansässig. Die Stadt mit dem größten Ausländeranteil war 1996 Frankfurt/Main mit 29 Prozent, gefolgt von Offenbach und Stuttgart mit 28 bzw. 27 Prozent (vgl. a.a.O.:29).

Abbildung 3: Ausländer: Wo sie in der BRD leben

Neben Ausländern leben in Deutschland die so genannten Aussiedler bzw. Spätaussiedler. So gibt es viele Menschen aus ost-europäischen Ländern, die Anträge auf die deutsche Volkszugehörigkeit stellen. Die Aufnahme von Aussiedlern unterliegt dem Bundesvertriebenengesetz (BVFG) und dem Bundesverwaltungsamt; die Verfahrensdauer liegt zwischen vier und fünf Jahren (vgl. HEINEN 2000:38). Die Zahl dieser Aussiedler/ Spätaussiedler ist in den letzten Jahren zunächst gestiegen und dann wieder zurückgegangen. Im Jahr 1990 stellten beispielsweise 397.075 Personen berechtigte Anträge, während es 1999 nur noch 104.916 Personen waren. Zwischen 1981 und 1999 zogen insgesamt 2.961.194 Aussiedler/Spätaussiedler nach Deutschland. Ein Kriterium für die deutsche Volkszugehörigkeit ist das Bekenntnis zum deutschen Volkstum. Dazu gehört z.B. die Beherrschung der deutschen Sprache und die Weitergabe der deutschen Sprache innerhalb der Familie. Auf Grund der immer schlechter gewordenen Sprachkenntnisse der Antragsteller beschloss die Bundesregierung 1996 Sprachtests durchzuführen. Die vorhandenen bzw. nichtvorhandenen Sprachkenntnisse der Antragsteller werden seitdem mit Hilfe des *Städtischen Tests zur Einbürgerung* nachgeprüft. Dieser Test wird im Herkunftsland von einem Mitarbeiter des Bundesverwaltungsamts durchgeführt. Beim so genannten "einfachen Sprachtest" müssen die Antragsteller ihre ausreichenden aktiven und passiven Deutschkenntnisse nachweisen. Für manchen Antragsteller erweist sich dieser Test als ein unüberwindbares Hindernis. So werden ungefähr die Hälfte der Aufnahmebescheide auf Grund nicht vorhandener Deutschkenntnisse abgelehnt, was in Tabelle 3 (vgl. a.a.O.:38) noch einmal genauer aufgeschlüsselt ist. Der Sprachtest darf nicht wiederholt werden, da laut dem Bundesverwaltungsamt die schnelle Aneignung von Deutschkenntnissen nicht der Idee des Bundesvertriebengesetzes entspricht (vgl. a.a.O.:38f).

Einfacher Sprachtest		
Jahr	Durchgeführt	Bestanden in %
1996	5.629	69,3
1997	46.653	62,9
1998	51.607	58,3
1999	19.779	52,1

Tabelle 3: Überblick über den „einfachen Sprachtest"

Aussiedler/Spätaussiedler, die älter als zehn Jahre sind und sich in Deutschland ansiedeln möchten, müssen zusätzlich zum einfachen Sprachtest den „qualifizierten Sprachtest" machen, bei dem gute aktive und passive Deutschkenntnisse getestet werden. Die Zahl der bestandenen qualifizierten Tests sinkt von Jahr zu Jahr deutlich ab wie Tabelle 4 (vgl. a.a.O.:38) zeigt.

Qualifizierter Sprachtest		
Jahr	Durchgeführt	Bestanden in %
1996	2.567	54
1997	10.583	39,5
1998	7.322	25,8
1999	3.083	19,2

Tabelle 4: Überblick über den „qualifizierten Sprachtest"

In den letzten Jahren gibt es immer mehr Antragsteller, die ihre deutsche Volkszugehörigkeit nicht beweisen können. So besitzen zurzeit ungefähr 73 Prozent der Zuwanderer aus den Nachfolgestaaten der ehemaligen Sowjetunion nicht die Eigenschaften für die deutsche Volkszugehörigkeit; sie sind entweder Ehegatten, Abkömmlinge oder Familienangehörige von Spätaussiedlern (vgl. HUMANITÄR HANDELN 2001:181). 1994 nannten beispielsweise 36 Prozent der Russlanddeutschen Deutsch als ihre Muttersprache. Von ihnen konnten jedoch nur 13 Prozent aktive und passive Kenntnisse ihrer „Muttersprache" nachweisen. Da nur der Antragsteller den Deutschtest bestehen muss, ist es möglich, dass eine größere Familie nach Deutschland umsiedelt, bei der nur ein Familienmitglied einigermaßen gut Deutsch sprechen kann. Auf Grund gemischt-nationaler Ehen in den Herkunftsländern ist Deutsch oftmals nicht mehr die Sprache der Aussiedlerfamilien. Und auch wenn ältere Familienmitglieder noch Deutsch sprechen oder weitergeben können, ist dies meistens ein Dialekt, der für einheimische Deutsche unverständlich ist. Für eine erfolgreiche Integration in die deutsche Gesellschaft gilt allerdings Folgendes:

„Gute Deutschkenntnisse sind der Schlüssel der Integration" (HEINEN 2000:41).

3.7.2 Ausländer und die deutsche Sprache

Abbildung 4: Du sprechen Deutsch?

Auch wenn der Comic in Abbildung 4 (MOHR, B. In: KÖNIGSEDER 2001:23) vielleicht etwas anderes andeuten möchte, beherrschen viele Ausländer die deutsche Sprache sehr gut, denn sie sind in Deutschland zur Welt gekommen und keine so genannten Bildungsausländer, d.h. sie haben in Deutschland die Schule besucht, Ausbildungen absolviert oder studiert. Leider gibt es keine genauen Angaben darüber, wie viele Ausländer in Deutschland wirklich nicht der deutschen Sprache mächtig sind und welche Probleme diese Personen tagtäglich in ihrem Umgang mit Deutschsprachigen erfahren.
Nur zehn Prozent der nach Deutschland zugewanderten Menschen, welche die deutsche Staatsangehörigkeit bzw. Volkszugehörigkeit anerkannt bekommen haben, haben die Möglichkeit zusätzliche sprachliche Angebote wahrzunehmen, die vom Sozialamt unterstützt werden. Zu diesen sprachlichen Angeboten gehört z.b. ein sechsmonatiger Deutschkurs; für Jugendliche dauert er zehn Monate. Für eine erfolgreiche sprachliche Integration ist dieser sechsmonatige Kurs eindeutig zu kurz (vgl. HEINEN 2000:42). Für Ausländer ohne deutsche Staats- oder Volkszugehörigkeit, für Asylbewerber

und Flüchtlinge gibt es zurzeit nur sehr begrenzt kostenlose sprachliche Angebote oder Eingliederungshilfen. Während die Stadt Köln in Zusammenarbeit mit der örtlichen Volkshochschule Sprachkurse für nicht deutschsprechende Sozialhilfeempfänger anbietet (vgl. STADT-KÖLN ONLINE 2001), werden in anderen Städten Kurse gestrichen wie z.B. der Sprachkurs für nicht deutschsprechende Mütter in Gelsenkirchen.

> „Vor dem Hintergrund der Integrationsbemühungen ein völlig unverständlicher Vorgang. Sprache ist ein wesentliches Element der Kommunikation. Ohne Kommunikation kann Integration nicht stattfinden. Diesem Motto folgend ist alles zu unternehmen, was die Sprachkompetenz erhöht" (SPD-FRAKTION-GELSENKIRCHEN ONLINE 2001).

Zum Thema Integration und Sprache sagte Bundeskanzler Schröder (SPD) beim ÖTV-Gewerkschaftstag 2001 in Leipzig Folgendes:

> „Wer dauerhaft in einem Land leben wolle, sollte bereit sein, die Sprache des Landes zu lernen. Das sei eine Voraussetzung für geglückte Integration" (SPIEGEL ONLINE 2001a).

Zum gleichen Thema äußerte sich auch Bundespräsident Johannes Rau (SPD) am 13. 03.2002 vor türkischen Müttern:

> „Niemand muss seine Heimat verleugnen, aber wir müssen uns in einer Sprache verständigen" (DEUTSCHE PRESSE AGENTUR 2002).

Schenkt man den Aussagen Schröders und Raus Glauben, dann ist nur derjenige in Deutschland integrationsfähig, der fähig ist, die deutsche Sprache zu sprechen (vgl. HINNENKAMP 1985:285). Das ist zwar durchaus richtig, doch wird dabei leider vergessen, dass es sehr schwer ist, eine Sprache zu erlernen. Es ist eine langwierige und zudem auch kostenintensive Angelegenheit. Kurse wie beispielsweise „Deutsch als Fremdsprache" an der Volkshochschule Hildesheim kosteten im Sommersemester 2002 zwischen €80 und €461 (vgl. HILDESHEIMER VOLKSHOCHSCHULE 2002). Aber nicht nur Aussiedler, Flüchtlinge oder Asylsuchende haben Schwierigkeiten mit der deutschen Sprache; auch die Geburt in Deutschland ist heute kein Garant mehr für die Beherrschung der deutschen Sprache. So haben sich die Deutschkenntnisse ausländischer Schulanfänger in den letzten Jahren deutlich verschlechtert. Sozialwissenschaftler befürchten, dass sich viele Ausländer nicht mehr darum bemühen, in die Mehrheitsgesellschaft integriert zu werden. Sie starten vielmehr den „Rückzug in die eigene Ethnie" (BÖLSCHE 2001:54). Heute ist es zum Teil sogar üblich, dass die ausländischen Eltern die deutsche Sprache besser beherrschen als ihre Kinder. In der Vergangenheit verhielt es sich genau umgekehrt. Zu Hause wird üblicherweise kaum Deutsch gesprochen, da die Mütter oftmals kein Deutsch können. Des Weiteren ist in den letzten Jahren der Trend bei ausländischen Männern zu beobachten, in der alten Heimat zu heiraten und ihre nicht deutschsprachigen Ehefrauen mit nach Deutschland zu bringen. Hierdurch „[...] beginnt die Migrationsgeschichte nach jeder Generation wieder neu" (a.a.O.:55). In Hamburg sprechen z.b. 40 Prozent der türkischen Kinder nicht genügend Deutsch bei der Einschulung; im Berliner Stadtteil Wedding sind es sogar 75 Prozent. Wenn diese kaum vorhandenen Kenntnisse nicht gleich am Anfang der Schullaufbahn behoben werden, können diese Menschen wahrscheinlich ein Leben lang als nicht deutschsprechende in Deutschland benachteiligt werden. Aus diesem Grund verlangt jetzt der Vorsitzende der *Türkischen Gemeinde in Deutschland* (TGD) die Einführung eines verpflichtenden, kostenlosen Vorschuljahres für Migrantenkinder in ganz Deutschland. In diesem Vorschuljahr sollen fehlende Deutschkenntnisse aufgeholt werden.

> „Ein frühes Erlernen und Beherrschung der deutschen Sprache, [...], ist der Schlüssel für die Eingliederung" (KALLMEYER 2002).

Ähnlich wie die TGD denkt auch Kultusministerin Renate Jürgens-Pieper (SPD), die ein neues Schulgesetz entworfen hat, welches alle Schulanfänger verpflichtet, neun Monate vor der Einschulung einen Sprachtest zu machen. Wer diesen Sprachtest nicht besteht, muss einen sechsmonatigen Sprachkurs absolvieren. In der Grundschule soll es dann für nicht deutschsprechende Kinder auch noch das Angebot von vier bis sechs Deutschförderstunden pro Woche geben. Die niedersächsische SPD ist fest davon überzeugt, dass für eine einwandfreie Eingliederung alle Kinder vor der Einschulung Deutsch beherrschen müssen. Die CDU/FDP-Regierung in Hessen geht sogar noch einen Schritt weiter und vertritt die Meinung, dass die Einschulung im Falle nicht ausreichend vorhandener Deutschkenntnisse ein Jahr später erfolgen muss (vgl. a.a.O.). Um eine wirksame zweisprachige und interkulturelle Erziehung für Migrantenkinder zu erreichen, müssen auch Kindergartenerzieher und Schullehrer die Möglichkeit haben an Fortbildungen teilzunehmen. Des Weiteren muss mehr zweisprachiges Fachpersonal eingestellt werden. Es ist bewiesen, dass Migrantenkinder, die eine zweisprachige Kindergartenstätte besuchen i.d.R. die deutsche Sprache besser beherrschen als die, die zu Hause bleiben und nur ihre Muttersprache bis zu ihrer Einschulung sprechen. Trotzdem streiten sich zurzeit Wissenschaftler über die Vorteile einer zweisprachigen Alphabetisierung ausländischer Kinder an deutschen Schulen. Allerdings machen fehlende zweisprachige Lehrer ein praktizierbares, flächendeckendes Modell einer zweisprachigen Alphabetisie-

rung zurzeit ohnehin unmöglich. Aber nicht die Zweisprachigkeit deutscher Klassenzimmer ist das vorrangige Problem, vielerorts heißt das Problem bereits Vielsprachigkeit. Die ausländischen Schüler öffentlicher Schulen in Berlin gehören z.b. mehr als 50 verschiedenen Nationalitäten an (vgl. NITSCHE 2002). Türkische Verbände verlangen neben Sprachkursen für Kinder und Jugendliche mittlerweile auch Deutschkurse für deren Eltern. Laut Untersuchungen können zurzeit nämlich nur vier Fünftel aller türkischen Eltern auf Grund fehlender Deutschkenntnisse an Elternabenden teilnehmen oder ihren Kinder bei den Hausaufgaben helfen (vgl. ORDE 2000).
Sprachkompetenz ist und bleibt folglich ein Hauptkriterium für die Integration und Akzeptanz von Ausländern in der Gesellschaft und die Forderung danach muss eine dringende Zukunftsaufgabe der deutschen Politik sein. Menschen, die in einer Gesellschaft leben, deren Sprache sie nicht sprechen, sind auf die Hilfe von Dritten angewiesen, um sich verständigen zu können.

3.7.3 Ausländer beim Arzt

Insbesondere im medizinischen Bereich sind Ausländer heutzutage auf Dritte angewiesen, um sich verständlich zu machen und um erfolgreich behandelt zu werden. Leider gilt in Deutschland noch immer, dass sich Migranten „aus sprachlichen und kulturellen Gründen häufig unverstanden und nicht angenommen" (INTERKULTURELLES GESUNDHEITS-ZENTRUM FÜR BERLIN 2001b) fühlen. „Im Patientenkontakt kommt es zu Fehldiagnosen und Fehlbehandlungen" (a.a.O.). Die deutschen Ärzte sind oftmals ungeduldig und überlastet. Sie verfügen auch nicht über die nötigen Kenntnisse im Umgang mit nicht deutschsprechenden Menschen. Da Ausländer in Deutschland sehr oft unter schwierigen wirtschaftlichen Verhältnissen leben - sie üben zum Teil belastende, gesundheitsschädigende Tätigkeiten bei schlechten Arbeitsbedingungen aus und wohnen in sehr beengten Räumen - weisen sie ein erhöhtes Erkrankungsrisiko auf. Ausländer neigen beispielsweise oftmals zu psychosomatischen Erkrankungen, Magen-Darm- Krankheiten, Verletzungen und Erkrankungen des Skelett- und Stützsystems sowie zu chronischen Erkrankungen (vgl. a.a.O., LEIHS 2002b). Durch fehlende Sprachkenntnisse kann das professionelle Wissen des deutschen Gesundheitssystems oft nicht wahrgenommen werden, so dass Ausländer nicht ausreichend über ernährungswissenschaftliche Themen informiert sind oder Symptome und Krankheiten gar nicht erst wahrnehmen (vgl. BUNDESMINISTERIUM FÜR FAMILIE... 2001:187). Trends wie *Fitness & Wellness,* aber auch Präventionsmaßnahmen gehen sicherlich auch auf Grund von nicht vorhandenen Sprachkenntnissen an vielen Ausländern vorbei. Zwei Beispiele hierfür sind Karies und Impfungen. Obwohl Karies infolge von Prävention bei einheimischen Patienten nicht mehr so häufig vorkommt, ist er bei Migrantenkinder mehr als dreimal so hoch wie bei deutschen Kindern. Experten führen diese Tatsache auf veränderte Ernährung und Lebensumstände, aber auch auf nicht vorhandene Kenntnisse über eine Kariesprävention zurück. Bei Impfungen sieht das Bild ähnlich aus: während 83 Prozent der deutschen Schulanfänger geimpft sind, sind es bei den ausländischen Schulanfängern nur 48 Prozent (vgl. INTERKULTURELLES GESUNDHEITSNETZWERK BERLIN ONLINE 2001; INTERKULTURELLES GESUNDHEITSZENTRUM FÜR BERLIN 2001b).

„Sprachprobleme, Informationsmangel und Ängste versperren vielen der rund 2,2 Millionen türkischstämmigen Bürger hierzulande den Zugang zum Gesundheitssystem" (ELISABETH KRANKENHAUS 2001).

Oftmals betrachten Ausländer die eigene Gesundheit als nicht so wichtig. Sie haben andere Sorgen als ihre Gesundheit, so sorgen sie sich um die Zukunft ihrer Familie, sie haben Angst vor der Abschiebung, vor Arbeitslosigkeit oder in der alten Heimat als Verlierer dazustehen. Natürlich haben auch Deutschmuttersprachler zusätzliche Sorgen, aber für sie ist es oft - kulturbedingt - einfacher mit anderen Menschen über diese Sorgen zu reden und wenn nötig, fachmännische Hilfe in Anspruch zu nehmen. Laut dem *Bundesministerium für Familie, Senioren, Frauen und Jugend* besitzen Flüchtlinge und Asylsuchende ungefähr den gleichen gesundheitlichen Zustand wie die Arbeitsmigranten. Allerdings kommen bei ihnen noch weitere Aspekte wie traumatische Erlebnisse, Impfstatus etc. hinzu.
Untersuchungen haben gezeigt, dass ausländische Patienten viel später zum Arzt gehen als deutsche; manchmal sogar erst, wenn das Problem sehr akut geworden ist (vgl. a.a.O.). Aber auch wenn die Ausländer zum Arzt gehen, wissen viele Ärzte nicht wie sie mit Menschen ohne bzw. mit niedrigen Deutschkenntnissen umgehen sollen. Aus diesem Grund fühlen sich Ausländer oft von deutschen Ärzten missverstanden und wechseln die Ärzte und Gesundheitseinrichtungen sehr oft. Auf Grund massiver Kommunikationsschwierigkeiten zwischen Ärzten und ausländischen Patienten ist es sogar schon vorgekommen, dass den Patienten Operationen verweigert wurden oder nicht sehr fachliche Diagnosen wie „anatolischer Bauch" gegeben wurden (vgl. HACKENBROCH 2000). Ein türkischer Arzt, der auf Fälle wie diese gestoßen ist, vertritt die Ansicht, es gäbe in Deutschland „Humanmedizin, Veterinärmedizin und Türkenmedizin". Diagnosen deutscher Ärzte wie „Türkenbauch", „anatolischer Kopfschmerz", „Mamma-Mia-Syndrom", „Mittelmeerkrankheit" oder

„Gastarbeiter-Syndrom" sind für ihn unhaltbar, denn sie sagen nichts darüber aus, was den Patienten tatsächlich fehlt (vgl. EICHHORST 1999). Ein anderer Fall massiver Kommunikationsschwierigkeiten und ihren Folgen ereignete sich in einem Krankenhaus in Bad Oeynhausen, wo einer 56-jährigen türkischen Patientin, die kein Deutsch konnte, eine Herztransplantation mit der folgenden Begründung verweigert wurde:

> „Die Anweisungen der Ärzte könne die Türkin nicht verstehen und zum Beispiel Arzneimittel falsch einnehmen. Bei Komplikationen sei sie nicht in der Lage, Kontakt mit der Klinik aufzunehmen. Eine korrekte Nachbehandlung sei daher nicht möglich gewesen" (SPIEGEL ONLINE 2001b).

Die Bundesärztekammer in Berlin bestätigte, dass eine Operation abgewiesen werden kann, wenn davon ausgegangen wird, dass der Patient der Compliance nicht folgt. Im obigen Beispiel hatte sich allerdings die deutschsprachige Tochter der Patientin dazu bereit erklärt, für die herzkranke Mutter zu dolmetschen (vgl. SPIEGEL ONLINE 2001b). In einem privaten Gespräch zwischen mir und einem Hildesheimer Arzt erklärte dieser mir, dass diese Geschichte seiner Meinung nach wahrscheinlich sehr unglücklich in der Presse dargestellt wurde: Auch vielen deutschen Patienten würde eine schwierige Operation mit langen Nachbehandlungen auf Grund von angenommener Non-Compliance verwehrt werden. Der Arzt muss im Vorfeld entscheiden können, ob der Patient seinen Anweisungen folgen wird und bei Komplikationen in der Lage ist, sofort Kontakt mit einem medizinischen Fachmann aufzunehmen. Operationen und Transplantationen werden laut Aussage des Hildesheimer Arztes nach speziellen Kriterien ausgewählt: Alkoholiker und Drogenabhängige erhalten in Deutschland grundsätzlich keine neuen Organe. Er erwähnte weiterhin, dass sein Kollege in Bad Oeynhausen wahrscheinlich glaubte, die türkische Frau sei wegen sprachlicher Defizite nicht fähig, seine Anweisungen hundertprozentig zu verstehen und ihnen zu folgen. Dadurch sei das Risiko einer Herztransplantation für die Patientin zu groß gewesen. Die ärztliche Entscheidung sei in diesem Falle richtig gewesen. Über 40 Prozent der nicht deutschsprechenden Patienten überleben eine Herztransplantation übrigens nicht. Grund hierfür seien Komplikationen, die auf soziokulturellen Problemen basieren (vgl. ELISABETH KRANKENHAUS 2001).
Kulturelles Wissen ist unerlässlich, wenn man ausländische Patienten behandeln möchte. In vielen Kulturen ist man häufig entweder total gesund oder sehr krank, dazwischen gibt es nichts. Allein dieses unterschiedliche Krankheitsdenken kann für deutsche Mediziner zu Problemen führen. Kommen noch sprachliche Probleme hinzu, besteht oftmals keine Möglichkeit, dem Patienten zu helfen. Kulturell bedingte Tabu-Themen wie psychische Beschwerden werden häufig nicht von den Patienten erläutert oder umschrieben.

Bemerkungen wie „Mein Nabel fällt", „Mein Körper ist ein Wüstensturm" oder „Mein Blut tut weh" (vgl. HACKENBROCH 2000:229) sind für deutsche Ärzte häufig unverständlich. Sie halten diese Umschreibungen meist für Übertreibungen und glauben, der Patient könne die Symptome nicht richtig einschätzen (vgl. EICHHORST 1999). Beide Parteien - Arzt und Patient - haben das Gefühl in einer Sackgasse zu sein. Ein Ausweg aus dieser Sackgasse liegt für die Ärzte häufig in der Verschreibung unnötiger Medikamente. Viele ausländische Frauen kommen zum ersten Mal mit deutschen Ärzten und Krankenhäusern in Kontakt, wenn sie schwanger sind. Viele von ihnen sind Frischverheiratete, Neuzugereiste Ausländerinnen oder Flüchtlingsfrauen und verfügen deshalb über keine Deutschkenntnisse. Da sie sich nicht verständigen können, wissen „[...] die meisten türkischen Patientinnen [...] kaum, woran sie eigentlich leiden und was mit ihnen in der Klinik geschieht" (ELISABETH KRANKENHAUS 2001). Zusatzprogramme oder Therapien wie Schwangerschafts-, Zahn- oder Krebsvorsorge werden von Ausländerinnen nicht sehr oft in Anspruch genommen. Der Verzicht auf die Schwangerschaftsvorsorge kann das frühzeitige Erkennen von Komplikationen verzögern und die Mütter und Kinder in Gefahr bringen. Die Säuglingssterblichkeit ist bei Ausländern deutlich höher als bei Deutschen (vgl. HACKENBROCH 2000:224; BUNDESMINISTERIUM FÜR...2001:194).

All diese Probleme sind ohne den Einsatz von Community Interpretern wohl kaum zu lösen. Einen anderen Lösungsansatz schlägt das *Bundesministerium für Familie, Senioren, Frauen, und Jugend* vor: Die Migrantenbevölkerung sei besser durch Ärzte und gesundheitliches Personal aus den Herkunftsländern der Ausländer sowie durch deutsche Ärzte mit Fremdsprachenkenntnissen und kultureller Kompetenz zu erreichen. Doch waren 1996 nur 2,8 Prozent der Ärzte der vertragsärztlichen Versorgung in Deutschland ausländische Staatsbürger, bei Krankenhausärzten waren es 4,7 Prozent. Obwohl diese Prozentzahlen nicht die eingebürgerten Ärzte oder Angehörige der zweiten oder dritten Migrantengeneration, die einen deutschen Pass besitzen, berücksichtigen, ist der Anteil an Ausländern in medizinischen und Gesundheitsberufen - gemessen an ihrem Bevölkerungsanteil - immer noch viel zu niedrig (vgl. BUNDESMINISTERIUM FÜR ...2001:187). Leider ist auch der andere Lösungsansatz für sprachliche und kulturelle Probleme in der medizinischen Kommunikation - die Community Interpreter - in Deutschland noch nicht weit gediegen wie folgendes Zitat zeigt:

> „In German hospitals family members, friends or staff members usually serve as interpreters in order to make verbal interaction between doctor and patient possible" MEYER 1997).

Laiendolmetscher werden häufig aus Kostengründen im medizinischen und sozialen Bereichen hinzugezogen.

> „Hauptsächlich aus Kostengründen wird die Sprachbarriere in Krankenhäusern meistens nur durch Improvisation überwunden: Angehörige, zufällig anwesende Pflege- und Reinigungskräfte ermöglichen - oft mehr schlecht als recht - die Kommunikation zwischen den an der Kommunikation Beteiligten" (MEYER/BÜHRIG 2001).

In Deutschland gibt es für Community Interpreter weder einen offiziellen Status, noch Anerkennung. Nur bei den *Bundesämtern für die Anerkennung ausländischer Flüchtlinge* und vor Gerichten werden Dolmetscher vom Staat eingesetzt und bezahlt. Aber auch diese Dolmetscher müssen keine Vorbildung nachweisen (vgl. DRIESEN 1998:312ff; Anhang 3). Die jüngsten Entwicklungen in Deutschland zeigen allerdings, dass man versucht, diese Zustände zu beseitigen. Diese Entwicklungen werden jedoch häufig als Modeerscheinungen bezeichnet.

> „Auffallend ist [...], dass das Dolmetschen im sozialen und medizinischen Kontext mit seiner stark humanitären Prägung nun fast zu einer Art „Modeerscheinung" geworden ist. Für Migrantenversorgungsdienste scheint es heute im Sinne der migrationspolitischen Korrektheit fast „schick" zu sein, ein paar "Vorzeige-Migrantinnen" im Schnelldurchlauf zu Dolmetscher-innen auszubilden" (BAHADIR 2000).

Ein Beispiel für die als positiv zu bewertenden Entwicklungen in Deutschland ist beispielsweise das 1989 gegründete *Ethno-Medizinische Zentrum* in Hannover (EMZH). Das Zentrum beschäftigt sich mit der Heilkunde verschiedener Kulturen, den unterschiedlichen Vorstellungen und Auffassungen von Krankheit sowie ihrer Entstehung und Bewältigung in anderen Kulturen. Des Weiteren versucht man die Probleme der Gesundheitsversorgung von Ausländern, die ein anderes Medizinverständnis haben, zu beseitigen. Im Zentrum werden darüber hinaus Schulungen für Dolmetscher angeboten, in denen Kenntnisse zur Sitzordnung, sprachlichen Wiedergabe, Dolmetschtechnik usw. unterrichtet werden. Ein großer Vorteil dieser Schulungen ist, dass nicht die typischen Schulsprachen, sondern Sprachen, die man als Community Interpreter in Deutschland wirklich braucht, behandelt werden. Zu diesen benötigten Sprachen gehören u.a. Farsi, Vietnamesisch und Hindi (vgl. PÖCHHACKER 2000:51). In der Dolmetscherkartei des EMZH finden sich Dolmetscher für 62 Sprachen und Dialekte. Die Dolmetscher versuchen die unterschiedlichen heilkundlichen Wertesysteme für Betroffene zusammenzustellen. Die Kosten eines Dolmetschers des EMZH muss leider der Patient übernehmen. Ärzte, die der Meinung sind, für ein Patientengespräch einen Dolmetscher zu benötigen, können sich telefonisch erkundigen, ob das EMZH einen geeigneten Dolmetscher zur Verfügung stellen kann. Durch die Angebote des Zentrums soll vermieden werden, dass Familienangehörige der Patienten zu Dolmetschleistungen herangezogen werden, da es sich bei ihnen häufig um Kinder handelt, die den Anforderungen der Situation nicht gewachsen sind (vgl. EICHHORST 1999). Das größte Problem ist allerdings, dass sich die meisten Hilfesuchenden Migranten einen Dolmetscher nicht leisten können. Ein weiteres Problem ist, dass manche Ärzte glauben, sehr lange auf einen professionellen Dolmetscher warten zu müssen und daher Laiendolmetscher vor Ort bevorzugen (vgl. PÖCHHACKER 2000:180). Vielen Patienten bleibt also nichts anderes übrig, als ihren eigenen Dolmetscher, eine so genannte „Kommunikationskrücke [...]" (BAHADIR 2000) mitzubringen. Das Ethno-Medizinische Zentrum weist immer wieder energisch auf die Zeit- und Geldersparnisse hin, die ein professionell gedolmetschtes Gespräch für die Ärzte mit sich bringt. Der Patient verstehe gleich beim ersten Gespräch alles und könne sich selbst verständlich machen, so dass auch der Erfolg der Behandlung gesichert sei. Mitarbeiter des Ethno-Medizinischen Zentrums geben auch Weiterbildungskurse über den Umgang mit nicht deutschsprechenden Patienten. Ein Beispiel hierfür ist der Weiterbildungskurs „Fachkraft Arztpraxis" der Kreisvolkshochschule Hildesheim, in dem Hinweise und Tipps an Fachkräfte der Arztpraxen weitergegeben werden. Sprachkenntnisse werden in diesem Kurs allerdings weder aufgefrischt noch neu erlernt[9].

Für das *interkulturelle Gesundheitsnetzwerk* in Berlin dienen das Ethno-Medizinische Zentrum und die Dolmetschzentren in den Niederlanden, auf die weiter unten noch näher eingegangen wird, als positive Beispiele. Als Folge der Fachtagung „Ethnomedizinisches Zentrum - Ein interkulturelles Gesundheitszentrum für Berlin?" des Netzwerkes im April 1997 entstand ein Projekt, welches Migranten die Möglichkeit zu einer verbesserten gesundheitlichen und psychosozialen Versorgung geben soll. Aufgrund von sprachlichen und kulturellen Verständigungsproblemen und verschiedener Krankheits- und Gesundheitskonzepte hat das Projekt den Aufbau eines Dolmetscherdienstes, die Ausbildung von Sprachmittlern und Dolmetschern sowie die Einrichtung einer Berliner Dolmetscherdatei für den medizinischen Bereich als seine großen Ziele gesetzt. Das interkulturelle Gesundheitsnetzwerk hat für diesen Dolmetscherdienst einen Modellprojekt-Antrag beim *Bundesministerium für Familie, Jugend und Frauen* eingereicht; leider ist bis heute jedoch keine finanzielle Förderung zustande gekommen.

> „Die breit getragene Forderung nach Koordinierung und Vernetzung von bestehenden Einrichtungen, Vermittlung von Sprachkompetenzen, interkultureller Öffnung und Organisationsentwicklung findet leider bisher bei den politischen Entscheidungsträgerinnen der Senatsverwaltung für Gesundheit und Soziales keine Unterstützung, ob-

---

[9] Eine Kopie der Informationsbroschüre Fachkraft Arztpraxis 2001 ist in Anhang 4 zu finden.

wohl die Koordination und Vernetzung in der Gesundheitsversorgung als wesentliche Aufgabe für den öffentlichen Gesundheitsdienst gesetzlich fixiert ist" (INTERKULTURELLES GESUNDHEITSZENTRUM FÜR BERLIN 2001b).

Der Berliner Bezirk Friedrichshain-Kreuzberg hat es 2001 trotzdem geschafft, 60.000 DM für das Projekt des interkulturellen Gesundheitsnetzwerks zur Verfügung zustellen (vgl. INTERKULTURELLES GESUNDHEITSNETZWERK BERLIN ONLINE 2001/INTERKULTURELLES GESUNDHEITSZENTRUM FÜR BERLIN 2001b).

Der *Arbeitskreis Hilfe für Folteropfer und Traumageschädigte* an der *Stuttgarter Akademie für Tiefenpsychologie und analytische Psychologie* hat genauso wie das EMZH einen Leitfaden für Beratungsgespräche mit Dolmetschern im medizinischen, sozialen und psychologischen Bereich herausgebracht. Dieser Leitfaden ähnelt dem des EMZH[10] sehr. Er gibt Tipps für die Auswahl des Dolmetschers, die Sitzordnung, mögliche Stolpersteine usw.. Der Verein besitzt auch ein Dolmetscher- Telefon, um seine Dolmetscher zu kontaktieren.

Der *Sonderforschungsbereich (SFB) 538 Mehrsprachigkeit* der Universität Hamburg untersucht zurzeit in seinem Teilprojekt "Dolmetschen im Krankenhaus" die Arbeit von nicht ausgebildeten Dolmetschern in der Kommunikation zwischen Arzt und Patient im Krankenhaus. Untersuchungsgegenstände dieses Teilprojektes sind u.a. wie Laiendolmetscher Sachverhalte von einer Sprache in die andere übertragen und wie sie die spezifische Krankenhauskommunikation beeinflussen und verändern. Die Kommunikation im Krankenhaus erfüllt bestimmte institutionelle Zwecke. So versuchen Arzt und Patient Information zu bekommen bzw. zu geben. Aus diesem Grund wurden in Hamburg insbesondere die Anamnese-, Befund- und Aufklärungsgespräche untersucht. Die Wissenschaftler unter Leitung von Dr. Kristin Bührig untersuchen mit Hilfe von Gesprächsaufnahmen Sprachen, die normalerweise nicht vom ärztlichen Personal in Deutschland gesprochen werden wie Portugiesisch oder Türkisch. Um mit Patienten, die diese Sprachen sprechen, kommunizieren zu können, muss man die Hilfe eines Dritten in Anspruch nehmen. Das Teilprojekt wird noch bis Juni 2002 laufen und hat bisher gezeigt, dass in den deutschen Krankenhäusern meistens *ad hoc* gedolmetscht wird. Des Weiteren kam man zu der Erkenntnis, dass dolmetschende Angehörige der Patienten keineswegs eine schlechtere Dolmetschleistung erbringen als das dolmetschende Pflegepersonal der Krankenhäuser, obwohl sich die Angehörigen öfters persönlich involviert fühlen und weniger Distanz zum Gespräch gewinnen können. Die Untersuchungen beweisen aber auch, dass man für eine Dolmetschtätigkeit im medizinischen Bereich Kompetenzen braucht, die i.d.R. weder Angehörige noch das Krankenhauspersonal besitzen. Viele Ärzte äußerten nämlich, dass

---

[10] Eine Kopie des EMZH-Leitfadens ist im Anhang 5 zu finden.

sie sich durch laienhafte Arbeit in ihrer Arbeit begrenzt fühlten. Ärzte können auch ihren rechtlichen Pflichten nicht nachkommen (vgl. MEYER 2002:10), wenn sie ihre Aufklärungsgespräche mit Hilfe von nicht ausgebildeten Dolmetschern führen. So hat beispielsweise das Oberlandgericht Düsseldorf wie folgt entschieden: Bei einem Schadenersatzprozess wurde auf Grund von mangelnder Aufklärung und dem Nichthinzuziehen einer sprachkundigen Person durch den Arzt zu Gunsten der nicht deutschen Klägerin entschieden (Az.:8 U 60/88) (a.a.O.:10). Die Zukunftspläne des Hamburger Forschungsprojektes beziehen sich mit Hilfe von Fallstudien auf die Fortbildungsmöglichkeiten für (kostensparendes) zweisprachiges Krankenhauspersonal und inwieweit ihre Dolmetschkompetenz durch Unterricht in der Arzt-Patienten-Kommunikation gesteigert werden kann (vgl. MEYER 1997b; MEYER;BÜHRIG 2001; MEYER 2001:23; MEYER 2002; TAZ ONLINE 2001). 1988 wurde in Gießen die *Türkisch-Deutsche Gesundheitsstiftung* von türkischen und deutschen Professoren gegründet. Die Stiftung bekommt jährlich 50.000 Anrufe (circa 150 pro Tag). Türkische Menschen aus ganz Hessen können sich bei der Gesundheitsstiftung ambulant beraten lassen oder ihre Sorgen loswerden.

„In Gießen erfahren viele Patienten erstmals, dass ihre Herzbeschwerden weder eingebildet noch Symptom einer anderen Krankheit sind" (ELISABETH KRANKENHAUS 2000).

Behandlungen werden allerdings nicht durchgeführt und die Kosten für nötige Behandlungen werden auch nicht übernommen. In der Stiftung arbeiten vier türkische Ärzte und in jeder Abteilung fungiert ein türkischer Mediziner als Dolmetscher. Auf Grund derselben Kulturangehörigkeit werden nicht nur sprachliche Probleme beseitigt; die türkischen Mediziner sind auch mit den Sorgen und Krankheiten der Patienten vertraut und können sich ohne Probleme mit ihnen darüber unterhalten. Des Weiteren werden spezifische gesundheitliche Probleme der in Deutschland lebenden Türken erforscht und Maßnahmen dagegen entwickelt. Das Forschungsprojekt *Sekundäre Interventionsstudie bei in Deutschland lebenden Türken mit nachgewiesenen koronaren Herzerkrankungen* ist nur ein Beispiel dafür (vgl. GERBICH 2001). Die Stiftung wird von ungefähr 200 deutschen und türkischen Mitgliedern, Ehrenmitgliedern und Politikern beider Länder unterstützt und verfügt über weitere Geschäftsstellen in Berlin und Stuttgart. Sie arbeitet eng mit türkischen Gesundheitsorganisationen zusammen. Finanzielle Unterstützung bekommt sie von zweckgebundenen öffentlichen und privaten Spenden. Die Ausbildung der Pfleger und Schwestern ist in der Stiftung sehr auf den Patienten abgestimmt. Sie beinhaltet Unterricht über islamische Sitten und Bräuche, so dass die Mitarbeiter der Klinik die speziellen Wünsche der Patienten verstehen können. In vielen deutschen Krankenhäusern werden türkische und muslimische Patienten z.B. nicht immer von gleichgeschlechtlichem Personal gewaschen oder die Patienten glauben nicht, dass das Essen und die Essenszubereitung 100 Prozent schweinefleischfrei ist. In Gießen werden all diese Ängste und Probleme berücksichtigt. Medizinische Broschüren über Risiken, Krankheiten und Behandlungsmöglichkeiten sind auch auf Türkisch erhältlich. Des Weiteren wird die berufliche Förderung von türkischen Jugendlichen in medizinischen Ausbildungen mit Hilfe verschiedener Projekte und Stipendien unterstützt wie das Projekt *Konsultationsstelle zur Ausbildung türkischer Jugendlicher in Krankenpflegeberufen*. Aber am Wichtigsten ist der kostenlose Dolmetscher- und Übersetzerdienst der Stiftung (vgl. HACKENBROCH 1999, ELISABETH KRANKENHAUS 2001, GERBICH 2001).

In Köln befindet sich seit 1995 eine ähnliche Einrichtung wie die *Türkisch-Deutsche Gesundheitsstiftung* - das *Gesundheitszentrum für Migranten*. Es ist mittlerweile die erste Anlaufstelle für Türken und andere Migranten mit gesundheitlichen Beschwerden. Der Träger des Zentrums ist der Verein *Paritätische Sozialarbeit Köln*, durch dessen finanzielle Hilfe eine Ärztin und zwei Psychologen kostenlos Fachwissen anbieten können. Trotz dieser positiven Arbeit ist die Lage der medizinischen Versorgung der Ausländer laut dem türkischen Leiter des Zentrums „sehr defizitär" (ELISABETH KRANKENHAUS 2000). Einrichtungen wie in Köln oder Gießen sind leider sehr selten. Politiker sprechen immer von zu hohen Kosten. Niemand denkt an die Kostensparungen, die durch eine einwandfreie Verständigung mittels eines Community Interpreters anfallen würden. Zusätzliche Behandlungskosten sowie die Verschreibung von unnötigen teuren Medikamenten würden größtenteils wegfallen.

> „Kranke, die über ihr Leiden sowie über Vor- und Nachsorgemöglichkeiten schlecht oder gar nicht Bescheid wissen, würden oft schon kurz nach der Entlassung wieder eingeliefert" (ELISABETH KRANKENHAUS 2000).

Eine recht kostengünstige mögliche Lösung für eine erfolgreiche Kommunikation zwischen deutschsprachigen Ärzten und nicht deutschsprachigen Patienten wäre sicherlich ein Telefondolmetscherdienst. Die Idee eines Telefondolmetscherdienst wie in Australien hat in Deutschland bereits politisches Interesse geweckt und Marieluise Beck, Beauftragte der Bundesregierung für Ausländerfragen, sagte hierzu:

> „Das Dolmetschen per Telefon kann tatsächlich zwei Zielen dienen, die ich unterstütze: das Erste ist die Entlastung der Behörden und eine Unterstützung der interkulturellen Kundenorientierung, der sich alle Behörden verpflichtet fühlen sollten. Das Zweite ist die Erleichterung für Ausländer, die bei den deutschen Behörden häufig noch Schwierigkeiten haben, sich zu verständigen, nicht zuletzt der Amtssprache wegen, die dort im Publikumsverkehr angewendet wird. Auch aus integrationspolitischen Überle-

gungen ist es zu begrüßen, wenn schnelle Hilfe zu besserer Verständigung und damit auch zur Überwindung möglichen Misstrauens auf beiden Seiten beitragen" (SPRACHEXPRESS ONLINE 2001).

Ein anderer Lösungsansatz könnten Dolmetscherlisten in den einzelnen Krankenhäusern sein. Viele Krankenhäuser haben sie intern schon angelegt und sehen sie als eine große Hilfe, da externe Dolmetscher meistens nicht sofort kommen können und man mit ihnen Termine im Voraus vereinbaren muss.

„[...] die Einschaltung eines externen Dolmetschers, mit dem man erst einen Termin vereinbaren muss, ist extrem hinderlich" (AUMILLER 2002:30).

Natürlich ist die „sofortige" Abrufbarkeit der hausinternen Dolmetscher ein großer Pluspunkt und wird von Ärzten daher geschätzt.

„Wie praktisch, wenn [...] Pflegekräfte „mal eben" in die Dolmetscherrolle schlüpfen können. [...] die routinisierten Arbeitsabläufe scheinen andere Möglichkeiten kaum zu eröffnen" (a.a.O.:29).

„The in-house language bank is one of the oldest strategies for dealing with language barriers in health institutions" (RIDDICK zit. n. PÖCHHACKER 2000: 174).

Aber auch wenn Dolmetscher im Haus vorhanden sind, wird nicht immer auf sie zurückgegriffen. Der Dolmetscher des *Virchow-Klinikums* in Berlin erschien z.B. während einer dreijährigen Untersuchung des Bundesforschungsministeriums nur zweimal auf einer Station, wo jede dritte Patientin Ausländerin ist (vgl. ELISABETH KRANKENHAUS 2000). Die „hausinternen Dolmetscher" könnten nicht immer sofort erreicht werden, hätten keine Zeit oder müssten eine andere Tätigkeit ausüben. Diese Probleme meint das größte kommunale Krankenhaus Hessens, das *Klinikum* in Kassel, gelöst zu haben. Das Klinikum bietet seit fast drei Jahren einen internen Dolmetscherdienst für seine nicht deutschsprachigen Patienten an. Man hat diesen Dienst mit Hilfe interner ausländischer Mitarbeiter aufgebaut und kann jetzt 40 Laien-Dolmetscher, die insgesamt ungefähr 30 Sprachen sprechen, zur Verfügung stellen. Für die gängigsten Fremdsprachen wie Türkisch, Russisch und Polnisch gibt es mehrere Laien-Dolmetscher, so dass für diese Sprachen im Prinzip zu jeder Tageszeit ein Laien-Dolmetscher im Haus vorhanden ist. Eine zentrale Dolmetscherliste ist außerdem angelegt worden, die bei Bedarf den schnellen Zugriff jeder Station ermöglicht. Das Krankenhaus hofft und glaubt, dass das Personal nicht nur sprachliche, sondern auch fachspezifische Kenntnisse besitzt, um die Dolmetschtätigkeiten zu übernehmen. In internen Fortbildungen werden Sprachen- bzw. Sprachkenntnisse weder unterrichtet noch geprüft. Hierzu erzählte mir Frau Stämm vom Klinikum Kassel[11], dass ihrer Kenntnis nach bis heute keine sprachlichen oder fachlichen Probleme bei der Ausübung der Dolmetschtätigkeit aufgetreten sind. Sie drückte allerdings mehrmals aus, dass die Mitarbeiter keine professionellen Dolmetscher, sondern Laien-Dolmetscher sind und dass sie auch so genannt werden sollen. Diese Laien-Dolmetscher üben normalerweise eine Tätigkeit als Krankenschwester, Pfleger usw. im Krankenhaus aus und dolmetschen nur, wenn sie dazu aufgefordert werden. Laut Frau Stämm arbeiten zurzeit keine Reinigungskräfte für den Dolmetscherdienst des Krankenhauses. Für ihre Dolmetschtätigkeiten bekommen die Laien-Dolmetscher kein Extragehalt, d.h. sie erhalten ihr normales Gehalt und die Zeit, in der sie dolmetschen, wird ihnen als normale Arbeitszeit angerechnet. Trotz bestehender Probleme genießt der Dolmetscherdienst in Kassel bei den Patienten große Beliebtheit und wurde innerhalb eines Jahres (2000 bis 2001) insgesamt 111mal in Anspruch genommen. Die freiwilligen Laien-Dolmetscher müssen sich während der Fortbildung einer kurzen Dolmetschausbildung bzw. einer Einführung in das Thema unterziehen. Informationen über arbeitsrechtliche Themen wie Schweigepflicht werden darüber hinaus vermittelt. Die Fortbildung findet zurzeit zweimal im Jahr statt und arbeitet mit dem Kasseler Kulturzentrum *Schlachthof* zusammen. Das Kulturzentrum hat im Rahmen eines Projekts auch zwei türkische Frauen als interkulturelle Vermittlerinnen ausgebildet, die die Vertreter öffentlicher Einrichtungen über kulturelle, religiöse und andere Unterschiede aufklären sollen. Beide hier erwähnten Projekte - Fortbildung und Ausbildung interkultureller Vermittlerinnen - wurden im Rahmen des dreijährigen Projektes „Kultursensibilität und Maßnahmen zur Verbesserung der Pflegesituation von Zugewanderten" (1997-2000) des Kulturzentrums ins Leben gerufen (vgl. STÄMM 2001). Eine Projektleiterin des Kasseler Krankenhauses ist der Überzeugung, dass die Laien-Dolmetscher durch ihre Ausbildungen über genug medizinisches bzw. pflegerisches Wissen verfügen und die Arbeitsweise des Krankenhauses kennen. Zudem sind sie auch mit der Situation der Kranken vertraut (vgl. a.a.O.). Eine andere Meinung vertritt in diesem Zusammenhang Dr. Josef Aumiller vom *Marienkrankenhaus* in Hamburg, in dem auch eine Dolmetscherliste für 15 Sprachen existiert. Er ist nicht so positiv beeindruckt über die Sprach- und Fachkenntnisse der zweisprachigen Laien-Dolmetscher seines Krankenhauses.

> „Dass Angehörige über Fachausdrücke stolpern ist noch erwartbar. Überrascht bin ich jedoch immer wieder darüber, dass auch Pflegekräfte einfache medizinische Begriffe [...] nur auf deutsch kennen" (AUMILLER 2002:29).

---

[11] Hierbei berufe ich mich erneut auf das Telefonat mit Frau Stämm vom Februar 2002, welches nicht aufgezeichnet wurde.

Auch das *Universitätsklinikum* in Frankfurt/Main mit einem ausländischen Patientenanteil von ungefähr 15 Prozent hat seit 1999 einen Dolmetscher-Pool. Leider ist die Zusammenarbeit der einzelnen Krankenhäuser, Stiftungen und Einrichtungen auf diesem Gebiet sehr gering. So hieß es beispielsweise in einer Presseerklärung aus Frankfurt/Main, dass der dortige Dolmetscher-Pool ein bundesweit einmaliges Projekt sei (vgl. UNIVERSITÄTS-KLINIKUM FRANKFURT AM MAIN ONLINE 2001). Frau Stämm vom Klinikum in Kassel tat diese Aussage ab: „Blödsinn, das ist nicht wahr, nicht mal in Hessen ist es das einzige Projekt"[12]. Auch in Frankfurt/Main sind die Laien-Dolmetscher nicht deutsche Klinikmitarbeiter. „Einen vereidigten Dolmetscher bestellen ist langwierig, teuer und möglicherweise vergeblich" (a.a.O.). Um ein Laien-Dolmetscher am Frankfurter Klinikum zu werden, müssen die Kandidaten eine Schulung absolvieren. In dieser Schulung werden ihnen Grundkenntnisse der Dolmetschtechniken und Dolmetschethik beigebracht. Heute umfasst der Pool 50 Laien-Dolmetscher mit Kenntnissen in 32 Sprachen. Diese Dolmetscher wurden im Jahr 2000 circa 200mal von den Patienten in Anspruch genommen. Für die Dolmetschtätigkeiten hat das Krankenhaus extra eine Dolmetscher- Hotline eingerichtet. Auch andere hessische Krankenhäuser nehmen sich ein Beispiel an diesem Projekt. So möchte das Klinikum in Gießen zehn seiner Mitarbeiter zu Laien-Dolmetscher in Frankfurt/Main ausbilden lassen.

Obwohl all diese Projekte einen positiven Wechsel und eine verbesserte Situation andeuten, können deutsche Krankenhäuser und andere öffentliche Einrichtungen noch einiges vom Nachbarland - den Niederlanden - lernen. Auch in den Niederlanden wurden die wachsenden Verständigungsprobleme im medizinischen und sozialen Bereich erkannt. Allerdings versucht man sie dort nicht mit Laien-Dolmetschern, sondern mit professionellen Dolmetschern zu lösen, die eine Ausbildung in so genannten „Dolmetscherzentren" gemacht haben. Die sechs niederländischen Dolmetscherzentren beschäftigen über 800 Dolmetscher in 90 Sprachen und bilden ein Netzwerk über das ganze Land. Sie werden vom Staat subventioniert, so dass kostenlose Dolmetschtätigkeiten angeboten werden können.

> „Die sechs Dolmetscherzentren haben sich zu einer professionellen unverzichtbaren, kommunikationsfördernden Einrichtung für niederländische Behörden und Fürsorgeeinrichtungen entwickelt" (GESUNDHEITBERLIN ONLINE 2001).

---

[12] Hierbei berufe ich mich erneut auf das Telefonat mit Frau Stämm vom Februar 2002, welches nicht aufgezeichnet wurde.

Durch ihre Ausbildung verfügen die Dolmetscher der Zentren über kulturelles und fachliches Wissen und sind in der Lage, unparteiisch zu handeln und sich ihre eigenen Mängel einzugestehen. Alle Dolmetscher haben sich einer Zulassungsprüfung unterziehen und Schweigepflichterklärungen unterzeichnen müssen. Die Zentren haben das Recht, einen Dolmetscher sofort zu kündigen, wenn er sich nicht an die vorgegebenen Regeln hält. Obwohl die Zentren sehr gute kostenlose Dienste leisten, kommt es auch in den Niederlanden vor, dass Gespräche zwischen Patienten und Ärzten von Laien gedolmetscht werden. Das gilt auch für Deutschland. Leider wird in Deutschland nach wie vor erwartet, dass Angehörige der Betroffenen (Kinder, Freunde, Mitbewohner) oder zweisprachige Angestellte und Sprachstudenten Dolmetschtätigkeiten übernehmen. Wie oft hierbei Tabugrenzen und juristische Richtlinien überschritten werden, kann niemand genau sagen (vgl. MEYER 2002:10). Allerdings werden langsam Stimmen laut, die von einem Missbrauch der Patientenrechte, ihrer Angehörigen und von unzumutbaren Situationen sprechen, in denen dolmetschende Kinder aus ihrer Kindheit gerissen werden und die Intimität gegenüber Verwandten und Freunden missachtet wird (vgl. AUMILLER 2002:29).

Zusammenfassend lässt sich zum momentanen Status des Community Interpretings in Deutschland sagen, dass es an festgelegten Gesetzen über das Dolmetschen von Gesprächen zwischen Vertretern öffentlicher Einrichtungen und Hilfesuchenden Migranten fehlt. Aus- und Weiterbildungsmöglichkeiten existieren kaum, offizielle Anerkennung wird nicht angeboten und professionelle Organisationen wollen aus Angst um ihren eigenen Status die unausgebildeten Dolmetscher nicht vertreten. Im Großen und Ganzen kann man dieses Thema als „politisch hoch brisant" bezeichnen (vgl. FREIGANG 2002:5).

4. „Praxisbericht" Hildesheim

Community Interpreting ist, wie man im vorangegangenen Kapitel feststellen konnte, fast ein Fremdwort in Deutschland. Die einzigen Personen, die Community Interpreting zu kennen scheinen, sind Theoretiker und Autoren. Personen aber, die wirklich vom Beruf des Community Interpreters profitieren könnten wie Ausländer, Migranten, Asylsuchende oder medizinisches Fachpersonal scheinen weder das Wort noch die Aufgaben dieses Berufes zu kennen. Ob es sich wirklich so verhält und was Betroffene zu diesem Thema zu sagen haben, wollte ich anhand von Interviews mit Personen aus dem medizinischen Bereich herausfinden. Da ich in Hildesheim gelebt und studiert habe, entschied ich mich für Hildesheim als Ort der Untersuchung.

4.1 Vorbemerkungen zur Untersuchung

Bevor man jedoch eine Untersuchung zu einem bestimmten Thema durchführen kann, muss man sich zuerst für eine - für dieses Thema - sinnvolle Untersuchungsmethode entscheiden. Man sollte sich u.a. überlegen, ob man eine schriftliche oder eine persönliche Befragung am Telefon oder *face-to-face* durchführen möchte. Hier können z.B. auch Kostenfaktoren eine ausschlaggebende Rolle spielen (vgl. DIEKMANN 439ff). Ich habe mich für die Durchführung von Leitfadengesprächen entschieden. Durch Interviews mit einem Interviewleitfaden[13] haben die befragten Personen die Möglichkeit, ihre Erfahrungen, Ansichten, etc. frei zu äußern und bei gegebenen Unklarheiten sofort nachzufragen; die Gespräche bleiben offen und meiner Meinung nach real. Ich erhoffte mir zudem, dass die Interviewpartner weitere Punkte ansprechen würden, welche nicht explizit im Leitfaden enthalten sind. Zur Auswahl meiner Interviewpartner ist zu sagen, dass es sich bei ihnen um Hildesheimer Fachleute aus dem medizinischen Bereich handelte; zu ihnen gehörten Krankenschwestern, Zahnärzte, Hausärzte sowie Arzthelferinnen. Die Interviews wurden an verschiedenen Orten durchgeführt, z.B. im Krankenhaus, in der Arztpraxis, an der Hildesheimer Volkshochschule oder auch bei mir zu Hause. Die Befragten Personen hatten leider immer sehr wenig Zeit zur Verfügung, daher dauerten die Interviews durchschnittlich nur zwischen 20 und 40 Minuten. Bedauerlicherweise hatten viele der medizinischen Fachkräfte, mit denen ich im Vorfeld der Untersuchung Kontakt aufnahm, entweder keine Zeit, keine Lust auf die Durchführung eines Interviews oder ihre versprochene Rückmeldung bei mir blieb aus. Insgesamt habe ich sieben Interviews durchgeführt.

---

[13] Der Interviewleitfaden ist im Anhang 6 zu finden.

Sie wurden nicht elektronisch aufgezeichnet, da sich die Interviewpartner grundsätzlich gegen eine solche Aufzeichnung geäußert hatten. Daher war auch eine detaillierte Transkribierung der Gespräche nicht möglich. Die Interviews sind anhand von Notizen, die ich während der Interviews gemacht habe, sinngemäß zusammengefasst worden und sind in anonymisierter Form im Anhang 7 nachzulesen. Während der Interviews saß ich den Interviewpartnern immer in einer *face-to-face* Situation gegenüber. Bevor ich jedoch die Ergebnisse meiner Befragungen darstelle, soll zunächst der Ort der Befragung - die Stadt Hildesheim - kurz vorgestellt werden.

4.2 Vorstellung der Stadt Hildesheim

Hildesheim liegt in Niedersachsen und ist eine mittelgroße Kreisstadt im Regierungsbezirk Hannover mit einer Gebietsfläche von 92,96 km² (vgl. STADT HILDESHEIM 2000). Die Gesamteinwohnerzahl beträgt 111.888, von denen insgesamt 8.737 (7,81 Prozent) ausländische Einwohner sind[14]. Von den circa 130 verschiedenen Nationalitäten in Hildesheim bilden die Türken mit 3.212 Personen die größte ausländische Bevölkerungsgruppe, gefolgt werden sie von den Jugoslawen (834), Italienern (533) und Libanesen (365). Die größte Asylbewerbergruppen der Stadt sind Kurden aus dem Irak, Iran und der Türkei (vgl. STADT HILDESHEIM 2000:26ff, Anhang 3). Die Hildesheimer Stadtteile mit den höchsten Ausländeranteilen sind Hildesheim-Nord/Steuerwald (1.913), Ost (1.374) und Mitte (1.354). Der Stadtteil mit dem niedrigsten Ausländeranteil ist Bavenstedt (25). Der Großteil der Ausländer ist zwischen 25 und 45 Jahre alt (vgl. Anhang 8, STADT HILDESHEIM 2000:25, MEINE STADT 2002). Leider existieren keine Statistiken über die Sprachkenntnisse der ausländischen Einwohner der Stadt und des Landkreises Hildesheim. Zur medizinischen Versorgung in der Stadt und im Landkreis ist Folgendes zu sagen: Die Stadt Hildesheim verfügt über insgesamt drei Krankenhäuser - die *Städtische Krankenhaus Hildesheim GmbH*, das *St. Bernward Krankenhaus* und das *Niedersächsische Landeskrankenhaus Hildesheim*. Für je 10.000 Einwohner des Landkreises Hildesheim stehen somit 75 Krankenhausbetten zur Verfügung. Im Landkreis Hildesheim versorgen 122 Ärzte je 100.000 Einwohner und in der Stadt Hildesheim behandeln ungefähr 60 Hausärzte die 111.888 Einwohner (vgl. MEINE STADT 2002).

---

[14] Stand 01.01.2002

4.3 Ergebnisse der Untersuchung

Den Ergebnissen der Untersuchung ist vorwegzunehmen, dass sich die in Kapitel 3.7 beschriebene Situation von Community Interpreting in Deutschland durch meine Interviews mit Fachkräften des medizinischen Sektors im Großen und Ganzen in Hildesheim bestätigt hat. Auch in Hildesheim gibt es keine professionellen Dolmetscher für den medizinischen Bereich, keine Qualitätskontrollen für Laien-Dolmetscher und keine Trainingsmöglichkeiten, um Personen für diese Tätigkeit auszubilden. Doch nun im Einzelnen zu den Ergebnissen meiner Befragung.

Zunächst ist zu sagen, dass die Zahl der zu behandelnden Patienten, die nicht Deutsch sprechen können, stark von Interviewpartner zu Interviewpartner variierte. Das liegt vor allem daran, dass Hildesheim im Vergleich zu Großstädten wie Frankfurt/Main oder Berlin nur einen geringen ausländischen bzw. nicht deutschsprechenden Bevölkerungsanteil aufweist. So gab ein Gesprächspartner beispielsweise an, im Monat nur einen Patienten zu behandeln, der nicht Deutsch sprechen kann, während ein weiterer Gesprächspartner angab, ungefähr zehn solcher Patienten pro Woche zu behandeln. Obwohl einer der von mir interviewten Ärzte in der Woche circa 500 Patienten hat, befindet sich unter ihnen nur einer, der nicht deutschsprachig ist.

Auf Grund dieser seltenen Patientenbesuche, bei denen sich Arzt und Patient nicht in derselben Sprache verständigen können, verwundert es nicht, dass bisher keiner der Befragten mit einem ausgebildeten Dolmetscher zusammengearbeitet hat. Ferner kannte niemand von ihnen die Arbeit des oben erwähnten und nur knapp 30 Kilometer von Hildesheim entfernten Ethno-Medizinischen Zentrums in Hannover. Listen professioneller Dolmetscher sind in Hildesheim nicht vorhanden, so dass das medizinische Fachpersonal in Hildesheim auf die Hilfe von nicht ausgebildeten zweisprachigen *ad hoc*-Dolmetschern angewiesen ist. Alle Interviewpartner hatten sich bis zum Zeitpunkt des Interviews kaum Gedanken zum Thema Community Interpreting bzw. Dolmetschen beim Arzt gemacht. Arbeitsdruck und der damit verbundene Zeitmangel gaben die Befragten als Hauptgründe für ihr fehlendes Interesse für dieses Thema an. Auch die momentane wirtschaftliche Lage stellt für sie einen Grund dar, um auf die Hilfe professioneller Dolmetscher zu verzichten. Die finanziellen Kürzungen in allen Bereichen des gesundheitlichen Systems führen ihrer Meinung nach zwangsläufig zu mehr Selbstverantwortung der Patienten, d.h. die Patienten sollen selbst mehr Kosten tragen. Des Weiteren vertraten sie einhellig die Meinung, dass im heutigen wirtschaftlichen Klima niemand für Community Interpreter bezahlen würde.

Obwohl alle Interviewpartner mindestens in einer Fremdsprache Kenntnisse aufweisen, betrachten sie diese Kenntnisse als unnütz für eine erfolgreiche

Kommunikation mit nicht deutschsprechenden Patienten. Englisch, Französisch oder Spanisch sind i.d.R. nämlich keine Sprachen, welche die ausländischen Patienten als Muttersprache oder als Fremdsprache sprechen würden. In den Hildesheimer Krankenhäusern steigt zurzeit z.b. der Bedarf nach Sprechern osteuropäischer Sprachen wie Russisch oder Polnisch.

> „Manchmal haben wir Patienten aus Afrika, die sagen, dass sie Englisch sprechen, aber ihr Englisch versteht man überhaupt nicht, das ist kein Englisch so wie wir es gelernt haben" (INTERVIEW 7).

Die große Sprachenvielfalt, die in diesem Bereich des Dolmetschens herrscht, stellt für die Interviewten ein wesentliches Problem dar, um Lösungsansätze für die Arbeit in medizinischen Einrichtungen zu finden. Die Vielzahl von Sprachkombinationen und zum Teil auch exotische Sprachen führten bei den Befragten zu der Erkenntnis, dass nur Personen mit sehr speziellen Sprachkenntnissen und Sprachkombinationen die idealen Kandidaten für den Beruf des Community Interpreters sind.

> „Ich glaube, diese Menschen müssen extrem viele Sprachkenntnisse besitzen, denn mit ein oder zwei Sprachen kommt man nicht weit. [...]. Das Problem sind wirklich die seltenen Sprachen, wer kann denn gleichzeitig Russisch, Portugiesisch, Polnisch, Türkisch, Arabisch und dazu am besten noch romanische und germanische Sprachen?" (INTERVIEW 2).

Wenn sie also selbst keine Kenntnisse der Sprache ihrer Patienten haben, auf welche Weise verständigen sie sich dann mit ihnen? I.d.R. führen die Befragten die Gespräche mit Ausländern und nicht deutschsprachigen Patienten auf einem vereinfachten Niveau. Es werden üblicherweise kurze Sätze und einfaches Deutsch verwendet. Aber auch die Hände und Füße bzw. Zeichensprache kommen von Zeit zu Zeit zum Einsatz. Wenn die nicht deutschsprachigen Patienten allein beim Arzt auf sich gestellt sind, ist eine erfolgreiche Verständigung daher nur sehr selten möglich.

> „[...] ich wusste wirklich nicht, was er wollte und musste ihn nach Hause schicken [...]" (INTERVIEW 3).

> „Ich glaube, er wollte einen Termin, aber ich konnte ihn nicht verstehen und ihm nicht weiterhelfen" (INTERVIEW 6).

Allerdings wurde in den Interviews immer wieder erwähnt, dass die nicht deutschsprechenden Patienten fast nie allein ins Krankenhaus oder zum Arzt gehen. Sie nehmen fast immer eine Begleitperson (Angehörige, Freunde usw.) mit, die Deutsch spricht und für sie dolmetschen kann. Nur bei Asylbewerbern oder politischen Flüchtlingen käme es ab und zu vor, dass sie keine deutschsprechenden Menschen kennen, die eine Dolmetschtätigkeit für sie übernehmen könnten. Somit liegt die Verantwortung für eine gelungene und hilfreiche Kommunikation zwischen Arzt und Patient meistens ganz allein auf den Schultern dieser Laien-Dolmetscher und nicht bei den medizinischen Einrichtungen oder etwa den Krankenkassen (vgl. INTERVIEW 6). Die mitgebrachten Laien-Dolmetscher werden von allen Befragten als große Hilfe betrachtet; ohne sie gäbe es teilweise überhaupt keine Kommunikation. Trotz dieser geschätzten Hilfeleistung waren die Interviewpartner mit den von Laien-Dolmetschern geführten Gesprächen i.d.R. nicht wirklich zufrieden. Sie beschweren sich allerdings auch immer wieder über die erschwerte Kommunikation mit ausländischen Patienten, denn Gespräche mit "deutschsprechenden" Ausländern bergen ebenfalls eine gewisse Problematik in sich.

„Ich persönlich habe schon Probleme bei der Verständigung mit Ausländern, insbesondere mit Frauen aus dem Nahen Osten, die hier schlecht integriert sind und dementsprechend auch schlechte Deutschkenntnisse haben. Die meisten Probleme habe ich mit türkischen, albanischen oder afrikanischen Frauen" (INTERVIEW 2).

„Bei der Verständigung mit ausländischen Patienten habe ich viele Schwierigkeiten, nicht nur gelegentlich, sondern immer" (INTERVIEW 7).

Folgender Dialog soll die Verständigungsprobleme zwischen "deutschsprachigen" Ausländern und Ärzten auf ironische Weise verdeutlichen.

Doktor, sind Sie krank?
Schwester Beate hört aus dem Behandlungszimmer folgenden Dialog:

Patientin:	*"Doktor Lagwitt, Hand aufs Herz. Ich haben groß Problem. Ich bin krank. Meine Kinder sagen ich soll zu dir kommen du kannst helfen."*
Doktor:	*"Wir kriegen Sie schon wieder hin Frau Mambubu. Das ist doch kein Beinbruch."*
Patientin:	*"Nix Beinbruch Doktor. Nur noch großer Mann in mein Kopf."*
Doktor:	*"Sie sind also verliebt und haben Schmetterlinge im Bauch."*
Patientin:	*"Ja, Geist in Bauch. Ich weiß nix weiter und brauche Medizin."*
Doktor:	*"Für Liebeskummer gibt es keine Medizin."*
Patientin:	*"Kein Medizin für mich? Dann machen bösen Geist mit Voodoo kaputt, ja?"*
Doktor:	*"Mit Voodoo kenne ich mich nicht aus aber ich könnte Akupunktur mit Ihnen machen. Mit Nadel verstehen Sie?"*
Patientin:	*"Akupunktur, sie wollen mit Nadeln stechen etwa mich???"*

Schwester Beate lächelt wissend und sucht schon mal die Telefonnummer des Ethnomedizinischen Zentrums in Hannover (ARIES TSE REPORTS 2001).

Am häufigsten werden von den Interviewten Begleitpersonen der Patienten als Laien-Dolmetscher eingesetzt, gefolgt werden sie von zweisprachigem Fachpersonal und Kollegen. Zweisprachiges Reinigungspersonal würde nur sehr selten als Dolmetscher eingesetzt. Allerdings sind alle Interviewpartner bereit, bei einem Notfall wirklich jeden für die Verdolmetschung der medizinischen Gespräche zu nehmen.

„Aber wenn keiner zur Stelle ist, dann hole ich jeden, der in der Lage ist, etwas zu übersetzen, wirklich jeden von der Putzfrau bis zum Chefarzt" (INTERVIEW 1).

Die *ad hoc* dolmetschenden Kollegen waren laut der Befragten auf Grund ihrer Sprach-, Fach- und Krankenhauskenntnisse die besten Dolmetscher und würden immer von Ärzten und Krankenschwestern für die Dolmetschtätigkeit bevorzugt werden. Einerseits führten einige der Interviewten die Wichtigkeit von Fachkenntnissen der Dolmetscher an, andererseits widersprachen sie sich in diesem Punkt selbst, indem sie aussagten, dass sie bei Patientengesprächen generell keine Fachsprache verwenden würden. Sie konnten sich folglich nicht entscheiden, ob ein Dolmetscher unbedingt Fachkenntnisse benötigt oder nicht.

„Die Personen, die für mich dolmetschen brauchen keine spezifischen medizinischen Kenntnisse [...]. Wenn ich mit meinen Patienten spreche, benutze ich fast keine Fachbegriffe, sondern Laienbegriffe. Man muss kein Arzt sein, um die Gespräche zu verstehen" (INTERVIEW 5).

„Ich glaube, Dolmetscher bei uns brauchen keine ausgeprägten Fachkenntnisse, weil ich nie richtige Fachbegriffe benutze, wenn ich mit den Patienten spreche, auch mit den deutschen nicht, aber Grundkenntnisse der Medizin wären nicht schlecht. Mit diesen Grundkenntnissen könnte der Dolmetscher die Lage besser einschätzen und Sachen erklären, aber die Dolmetscher sollen nicht die Rolle des Arztes übernehmen" (INTERVIEW 7).

Die Interviewten sind zum Teil sehr überzeugt von den Sprachkenntnissen des zweisprachigen Personals bzw. der zweisprachigen Kollegen, obwohl sie diese Kenntnisse selbst noch nie überprüft haben. „Sie [die türkische Kollegin. Anm. des Verfassers] ist hier in Deutschland geboren, spricht aber perfekt Türkisch [...]" (INTERVIEW 6). Obwohl der Interviewpartner, der dies geäußert hat, Türkisch weder verstehen noch sprechen kann, fühlt er sich dazu fähig, die Türkischkompetenz der Kollegin einschätzen zu können. Ein anderer Gesprächspartner greife nur selten auf Kollegen im Krankenhaus zurück, da die meisten akademischen Fachkräfte in den Hildesheimer Krankenhäusern die deutsche Staatsangehörigkeit haben und nicht die nötigen Fremdsprachenkenntnisse besitzen, um dolmetschen zu können (vgl. INTERVIEW 2). Mit den Sprachkenntnissen bzw. Dolmetschleistungen seiner türkischen Zahnarzthelferin war ein weiterer Interviewpartner durchaus zufrieden. Er erklärte aber auch, dass sie trotzdem in manchen Situationen sprachliche Mängel aufweise.

> „Unsere türkische Helferin sagt auch oft, dass sie nicht weiß wie sie etwas korrekt ausdrücken oder erklären soll, dass sie mit den Fachausdrücken auf Türkisch überfordert ist" (INTERVIEW 3).

Auch seine eigenen Persischkenntnisse[15] würden nicht für die Behandlung persischer Patienten im zahnmedizinischen Bereich ausreichen (vgl. INTERVIEW 3).

Abgesehen von erwachsenen Begleitpersonen werden oftmals Kinder von den Interviewten für die Tätigkeit als Dolmetscher in Anspruch genommen. Nur zwei der Befragten waren im Grunde gegen den Einsatz von Kindern als Dolmetscher im medizinischen Bereich (vgl. INTERVIEW 1, INTERVIEW 7). Aber auch sie sagten, dass sie im Notfall auch Kinder für diese Tätigkeit benutzen würden. Für die anderen Interviewpartner stellen dolmetschende Kinder überhaupt kein Problem dar, denn Kinder hätten diese Arbeit für sie schon öfters erfolgreich erledigt.

> „Kinder dolmetschen sehr gut, obwohl ich glaube, dass sie mit der Situation überfordert sind. [...] Die Kinder sind aber von den Sprachkenntnissen her die besten Dolmetscher" (INTERVIEW 7).

Kinder müssen manchmal auch für ihre Familienangehörigen bei intimen Untersuchungen wie z.B. einer Darmspiegelung dolmetschen. Einer meiner Interviewpartner findet es durchaus normal, wenn 10-jährige Kinder in dieser, für jeden Menschen recht unangenehmen Situation dolmetschen (vgl. INTERVIEW 6). Nahezu alle Befragten waren sehr begeistert von den Sprachkenntnissen der ausländischen Kinder.

> „Ich habe auch sehr oft Kinder als Dolmetscher benutzt, das jüngste Kind war bestimmt nur acht Jahre alt, aber diese Kinder sprechen z.T. sehr gutes Deutsch, genauso gut wie deutsche Kinder in dem Alter" (INTERVIEW 3).

Das größte Problem bei der Kommunikation mit Hilfe von Laien-Dolmetschern ist die sehr lange Zeit, die diese Gespräche benötigen. Alle Befragten beklagten sich über die Dauer der gedolmetschten Kommunikation, dies führe zu mehr Arbeitszeit und Kosten für sie und die medizinischen Einrichtungen. Es wurde geäußert, dass die Arbeit mit einem professionellen Dolmetscher möglicherweise diese Kosten senken könnte, obwohl niemand diese Tatsache sicher bestätigen konnte.

---

[15] Der interviewte Arzt ist Perser.

Keiner der Interviewten war wie oben bereits erwähnt wurde einhundertprozentig mit den von Laien gedolmetschten Gesprächen zufrieden. Sie erwähnten, dass sie grundsätzlich weniger Informationen von den nicht deutschsprechenden Patienten bekommen als von deutschen Patienten. Fehlende Informationen über Vorbehandlungen, Medikation und Begleiterkrankungen der nicht deutschsprechenden Patienten müssten oft durch zusätzliche technische Untersuchungen ausgeglichen werden. Diese Untersuchungen erhöhen zusätzlich die Kosten und Zeitdauer der ohnehin langen Behandlungen (vgl. INTERVIEW 2). Zusatzuntersuchungen sollen Fehldiagnosen, die auf Grund fehlender bzw. erschwerter Kommunikation oder falscher Verdolmetschungen bei ausländischen Patienten auftreten können, soweit wie möglich ausschließen.

Des Weiteren hätten die Interviewpartner auch weniger bzw. keine Kontrolle über gedolmetschte Gespräche. Diese fehlende Kontrolle wurde von allen als sehr negativ bewertet. Eine fehlende gemeinsame Sprache führe dazu, dass sie eventuelle zusätzliche Äußerungen und Handlungen der dolmetschenden Angehörigen oder des Personals weder kontrollieren noch steuern können wie sie es bei deutschen Patienten können. Eine Situation, über die sie zum Teil sehr verärgert waren.

> „Ich möchte nicht wissen, wie viele ausländische Eltern ihre Kinder mit Schlägen drohen, wenn sie nicht gleich den Mund aufmachen, ich habe hier keine Kontrolle, da ich nichts verstehe. Und das ärgert mich sehr, dadurch treten für mich auch oft Schwierigkeiten auf" (INTERVIEW 3).

> „Ich bin aber nicht immer zufrieden mit den gedolmetschten Gesprächen, da ich oft das Gefühl habe, dass meine Äußerungen ganz schön umformuliert werden. Ich kann es natürlich nicht nachprüfen [...]" (INTERVIEW 5).

Um zu kontrollieren, ob die Patienten die Informationen erhalten und verstanden haben, verlassen sich die Befragten i.d.R. auf einfache Fragen und auf die Mimik und Rückfragen der Patienten.

> „Durch einfache Fragen versuche ich zu erfahren, ob der Patient meine übersetzten Fragen verstanden hat, ob er noch Fragen an mich hat. Kontrollfragen, dass ist die einzige Möglichkeit, die ich habe um das Gespräch zu kontrollieren" (INTERVIEW 2).

In der Arzt-Patienten- Kommunikation ist vor allem der Kontaktaufbau sehr wichtig, insbesondere in der Zahnmedizin, wo der Patient dem Arzt sozusagen ausgeliefert ist. Dieser Kontaktaufbau sei durch einen Dritten kaum möglich; und ein fehlender Kontakt kann zu Problemen und Ängsten der Patienten führen (vgl. INTERVIEW 3).

Trotz all dieser Schwierigkeiten wurden die bisher gedolmetschten Gespräche von den Interviewten mehr oder weniger als problemfrei bewertet, d.h. auch ohne nennenswerte kulturelle Probleme.

> „[...] starke kulturelle Probleme sind hier bei mir nie aufgetreten, die Ausländer wohnen hier und haben sich zum Teil auch angepasst" (INTERVIEW 5).

Kulturelle Probleme mit ausländischen und nicht deutschsprechenden Patienten beziehen sich meistens auf deren Wahrnehmung von Schmerzen und ihr Verhalten während der Behandlung oder des Krankenhausaufenthaltes. Ausländer wurden von fast allen Befragten als wehleidig bis hin zu hysterisch charakterisiert. Dieses Schmerzempfinden erschwere zusätzlich zur fehlenden Sprachkompetenz die Behandlung. Insbesondere wird die Behandlung moslemischer Männer auf Grund deren Einstellung zu weiblichem Personal oftmals als schwierig betrachtet.

Die Befragten sind von den Vorteilen ausgebildeter Dolmetscher im medizinischen Bereich wie Neutralität, Fach- oder Sprachkenntnisse nicht überzeugt. Sie begegneten dem Einsatz von professionellen Dolmetschern in einer mittelgroßen Stadt wie Hildesheim mit viel Skepsis. Für sie sind andere Lösungen des Sprachproblems besser durchzusetzen.

Für zwei Interviewpartner stellt z.B. eine Dolmetscherzentrale eine sehr gute Lösung dar.

> „Bei uns in der Anästhesie werden sehr wenig Notoperationen durchgeführt, d.h. die meisten Operation sind schon vorgeplant, meistens einen Tag im Voraus. Wir hätten dann genug Zeit, einen Termin mit dem Dolmetscher abzusprechen, ohne Zeitverlust" (INTERVIEW 7).

Die anderen Interviewten hielten die Idee einer Dolmetscherzentrale allerdings nicht für überragend, weil man zu lange auf einen Dolmetscher warten müsste. Sie waren der Meinung, dass ein Dolmetscher immer direkt vor Ort sein muss und dass zehn Minuten Wartezeit zehn Minuten zuviel sind. Daher muss auch ein Dolmetscher im Krankenhaus immer sofort erreichbar sein.

> „Man ist als Zahnarzt z.B. ständig unter Zeitdruck, ich kann es mir nicht leisten, einen Patienten ins Zimmer zu setzen und eine Stunde warten zu lassen bis der Dolmetscher kommt, so viel Zeit haben wir einfach nicht" (INTERVIEW 3).

Auch die Idee eines ehrenamtlichen Dolmetscherdienstes in Hildesheim stieß nicht bei allen Interviewten auf Befürwortung. Als den idealen zukünftigen Community Interpreter für medizinische Einrichtungen in Deutschland sprachen sich die Interviewten fast einstimmig für zweisprachiges Personal bzw. zweisprachige Kollegen aus. Sie waren nahezu alle davon überzeugt, dass zweisprachiges Krankenhauspersonal bzw. Arzthelferinnen die nötigen Sprach- und Fachkenntnisse besitzen, um mit den nicht deutschsprechenden Patienten erfolgreich kommunizieren zu können. Zweisprachiges Krankenhauspersonal bzw. Arzthelferinnen seien in der Lage, die Äußerungen der Ärzte und Patienten einwandfrei zu dolmetschen.

> „Ich bevorzuge und versuche natürlich immer jemanden zu nehmen, der fachlich Bescheid weiß. Schwestern, Pfleger oder Ärzte, die die Sprache können, weil das dann fachgerecht rüberkommt und sie alles erklären können. Ich glaube diese Kenntnisse sind sehr wichtig" (INTERVIEW 1).

Die Befragten waren sich überdies einig darüber, dass die Errichtung eines Community Interpreting- Aus- bzw. Fortbildungskurses als zukünftiger Lösungsansatz für die vorhandenen Probleme in Hildesheim überhaupt nicht angebracht ist. Ein Kurs für Community Interpreter sei unnötig und überflüssig. An der Weiterbildung für Dolmetscher waren sie kaum interessiert. Sie betrachten die finanzielle Investition in so einen Kurs als zu hoch und sie sei zurzeit kaum tragbar. Diese Ansicht erscheint ein wenig seltsam, wenn man bedenkt, dass die Teilnehmer mit den Leistungen der Laien-Dolmetscher nicht zufrieden sind und sich ständig über die erhöhten Folgekosten auf Grund schlechter Kommunikation beklagen. Auch zum Thema Unterrichtsstoff während einer möglichen Aus-/Fortbildung waren die Antworten der Interviewten sehr widersprüchlich. Einerseits waren sie der Meinung, dass kulturelle Probleme bei ihren Gesprächen mit Ausländern kaum auftreten, andererseits erwähnten sie aber, dass kultureller Unterricht bei einer zukünftigen Ausbildung eine wichtige Rolle spielen sollte. Spezielle medizinische Fach- oder Sprachkenntnisse schienen bei einer Ausbildung für sie keine allzu große Rolle zu spielen.

> „Die Personen, die für mich dolmetschen, brauchen keine spezifischen medizinischen Kenntnisse und/oder Sprachkenntnisse" (INTERVIEW 5).

Fremdsprachige Patienteninformationsbroschüren hielten jedoch alle Befragten für sehr wichtig. Hierdurch erhoffen sich die Interviewten eine bessere Aufklärung der Patienten sowie eine Verkürzung der Gesprächsdauer. Für die Übersetzung des Informationsmaterials werden allerdings ausgebildete medizinische Fachübersetzer gebraucht und keine Laienübersetzer.

> „Es macht vielleicht mehr Sinn Übersetzungen von medizinischen Fachartikeln oder Beipackzettel für Medikamente anzufertigen, da braucht man sicherlich eine Fachausbildung, „Fachübersetzung für Medizin", aber so im Krankenhaus, denke ich, das ist ein bisschen zu weit übers Ziel hinausgeschossen, so groß ist die Not denn doch nicht. Es kann sein, dass in anderen Vierteln, wo der Ausländeranteil

noch größer ist, ein Bedarf vorhanden ist, aber in einer Stadt wie Hildesheim halte ich das nicht für erforderlich" (INTERVIEW 2).

Eine andere Lösung, um die sprachlichen Probleme in den Griff zu bekommen, sei das Erlernen der deutschen Sprache seitens der Patienten.

„Ein guter Lösungsansatz wäre vielleicht, wenn die Patienten Deutschkurse besuchen würden, mein Chef ist auch dieser Meinung. Ich meine, es gibt Patienten, die seit Jahren zu uns kommen und sie sprechen kein Wort Deutsch. Normalerweise, wenn man irgendwo wohnt, muss es möglich sein, die Sprache zu lernen, oder nicht?" (INTERVIEW 6).

Die Interviews haben gezeigt, dass die Stadt Hildesheim durchaus einen Bedarf an Community Interpretern hat, auch wenn der Anteil nicht deutschsprechende Patienten relativ niedrig ist und die Interviewten mehr oder weniger gegen große Veränderungen ihrer momentanen Situation sind. Handfeste Lösungsansätze für eine Professionalisierung des Community Interpreter- Berufes wurden kaum geäußert und manche Interviewpartner waren sogar der Meinung, dass man an der jetzigen Situation überhaupt nichts ändern muss (vgl. INTERVIEW 5)

Die Befragten, die folglich überwiegend die Arbeit mit professionellen Dolmetschern ablehnten oder als überflüssig empfinden, müssen die Vorteile (Neutralität, Schweigepflicht, Fach-, Kultur- und Sprachkenntnisse) und die Möglichkeiten (mehr Informationen, kürzere Gespräche) eines ausgebildeten Community Interpreters kennen lernen. Sie müssen darüber hinaus erkennen, dass finanzielle Investitionen für eine qualifizierte Community Interpreter-Ausbildung nötig sind, um eine gerechte, gleichwertige medizinische Versorgung für ausländische Patienten in Hildesheim bzw. in Deutschland zu schaffen. Impulse für eine Änderung der heutigen Situation kann man meiner Meinung nach allerdings nicht von den medizinischen Fachkräften oder Einrichtungen erwarten. Diese Impulse müssen von externen Institutionen wie Hochschulen, Berufsverbänden, etc. gegeben werden.

5. Soll-Zustand: Community Interpreting in der Welt

Der Ist-Zustand von Community Interpreting in der Welt ist leider nicht als sehr positiv zu bewerten. Auch wenn Länder wie Australien oder Schweden mit gutem Beispiel vorangehen, bleibt weltweit noch einiges in diesem Bereich zu tun. Nun muss man sich natürlich erst einmal die Frage stellen, wie der Soll-Zustand von Community Interpreting eigentlich aussehen sollte und welche Möglichkeiten es gibt, um diesen Zustand zu erreichen. Auf diese Fragen werde ich im Folgenden eine Antwort geben.

Im Allgemeinen ist der optimale Soll-Zustand der Zustand, in dem jedem Krankenhaus mehrere ausgebildete Community Interpreter zur Verfügung stehen, jede größere Stadt mindestens einen Community Interpreter- Dienst bzw. einen Dolmetschtelefondienst anbietet und in dem jede Person, die nicht die Sprache des Landes sprechen kann, in dem sie lebt, die Möglichkeit eines kostenlosen Community Interpreters für Behördengänge und Arztbesuche hat. Um diesen Zustand erreichen zu können, muss zunächst der Beruf des Community Interpreters in der Öffentlichkeit und insbesondere in den betroffenen Fachkreisen bekannter gemacht werden. Des Weiteren muss es mehr Ausbildungsmöglichkeiten und -stätten für diesen Beruf geben. Die Tätigkeit des Community Interpreters muss im Prinzip professionalisiert werden.

Dolmetscher sind den meisten Menschen nur aus dem Fernsehen bekannt. Normalerweise trifft der „Normalbürger" nur auf Dolmetscher, wenn er sich eine Talkshow ansieht. In den Talkshows sorgt der Dolmetscher für eine erfolgreiche Kommunikation zwischen dem Showmaster und seinem bekannten Gast aus dem Ausland[16]. Dolmetschtätigkeiten gehören nun einmal nicht zu den alltäglichen Bedürfnissen vieler Menschen. Auf Grund der dadurch zustande kommenden Unkenntnis des Berufes Dolmetscher sind viele Menschen dieser Welt der Ansicht, dass jeder, der zwei Sprachen mehr oder weniger gut spricht, dolmetschen und übersetzen kann. Oftmals werden Fremdsprachenkenntnisse sogar als einziges Kriterium für einen Dolmetscher oder Übersetzer angesehen.

> „It is a source of great frustration to translation and interpretation professionals that anyone who has any familiarity, no matter how rudimentary, of a foreign language thinks he can interpret and translate" (TSENG. J 1992 zit. nach MIKKELSON 1996b:6f).

---

[16] Diese Art des Dolmetschens wird als *Media Interpreting* bezeichnet (vgl. hierzu MIKKELSON 1997b).

"Aus einem naiven Alltagsverständnis heraus fragt man sich [...], wieso Personen, die zwei Sprachen sprechen, Schwierigkeiten haben, einen Beitrag in der anderen Sprache wiederzugeben" (AUMILLER 2000:29).

Natürlich tangiert dieser Sachverhalt nicht nur die Community Interpreter, auch andere Dolmetscharten sind hiervon betroffen. Um diesen Zustand zu ändern, müssen Strategien für die Werbung und Förderung von Community Interpreting in der Öffentlichkeit entworfen oder aus anderen Ländern kopiert werden (vgl. PUEBLA FORTIER 1997:174ff). Erst wenn die Öffentlichkeit und die betroffenen Fachkreise erkennen, dass es Community Interpreter gibt, was sie leisten können und wie wichtig sie sind, wird auf politischer Ebene etwas für das Ansehen der Community Interpeter, für ihre Professionalität getan werden. Und Professionalität ist das, was dem Berufszweig Community Interpreting heutzutage fehlt.

Um eine Professionalität der Community Interpreter zu erreichen, ist eine anerkannte Ausbildung und Qualifizierung unabdinglich. Um dies zu erreichen sind neben finanziellen Zuwendungen auch starke Berufsverbände erforderlich, die ihre Mitglieder vertreten und Ehrenkodizes aufstellen können. Grundsätzliche Regeln für diese Ehrenkodizes sind u.a. Unparteilichkeit, Verschwiegenheit, Kompetenz und die Pflicht zur selbständigen beruflichen Weiterbildung (vgl. CARRARO-TOMANEK 2001:52). Leider gibt es bis heute nur sehr wenige regionale, nationale oder internationale Verbände, welche Community Interpreter vertreten. Ein Beispiel für so einen Verband ist „Babela". Babela möchte innerhalb der Europäischen Union die Interessen von Community Interpreting- Organisationen vertreten. Der Verband verfolgt das Ziel, dass bis zum Jahr 2015 alle staatlichen Organisationen innerhalb der EU ausschließlich Babela- Mitglieder für ihre Community Interpreting- Bedürfnisse beschäftigen. Um dieses Ziel zu erreichen, möchte Babela seine Mitgliedschaft erhöhen, gemeinsame professionelle Normen und Pflichten für seine Mitglieder festlegen und Behörden - auf lokaler, nationaler und internationaler Ebene - dazu auffordern, dem Beruf des Community Interpreters mehr Anerkennung zu schenken (vgl. LOCKWOOD 2000b). Gerade die Arbeit von Berufsverbänden ist für das Ansehen eines Berufes von großer Wichtigkeit.

Bei einem neuen Beruf wie dem Community Interpreting ist des Weiteren die Zusammenarbeit zwischen professionellen Dolmetschern und staatlichen Einrichtungen dringend notwendig, um das Berufsbild aus der nichtprofessionellen Phase herauszuziehen, Erfahrungen auszutauschen und gemeinsame Ziele zu planen. Gerade die Berufsverbände dürfen die Community Interpreter nicht als eine Drohung für die Professionalität und das Ansehen des Dolmetscherberufes betrachten. Sie müssen sich vielmehr stärker für die Professionalisierung und Wahrnehmung des Berufes einsetzen (vgl. FREIGANG 2002; ROBERTS 1997:23f).

Roda Roberts von der *University of Ottawa* hat sechs Richtlinien für die Professionalisierung von Community Interpreting vorgeschlagen:

1) „Clarification of terminology (i.e.,(...) recognized name for the occupation)
2) Clarification of the role(s) of the community interpreter
3) Provision of training for community interpreters
4) Provision of training for trainers of community interpreters
5) Provision of training for professionals working with interpreters
6) Accreditation of community interpreters" (ROBERTS zit. nach MIKKELSON 1996b).

Vier weitere Punkte zu diesem Thema haben die Teilnehmer der *Critical Link 2*- Konferenz in Vancouver von 1998 ausgearbeitet. Um eine Professionalisierung des Berufes zu erreichen müssen ihrer Meinung nach folgende vier Probleme gelöst werden:

1) „The need to place the training of community interpreters on an academic and professional level;
2) The establishment of national or international standards for the training and accreditation of community interpreters;
3) The education of people who work with interpreters;
4) The continuation of dialogue in all areas relating to community interpreting" (CRITICAL LINK 2001).

Eine solide fachliche Ausbildung ist sehr wichtig, um eine translatorische Kompetenz der Dolmetscher auf der Basis vorhandener Sprach-, Kultur- und Sachkenntnisse aufzubauen, um dann durch ihre professionelle Arbeitsweise Anerkennung für ihre Kenntnisse und Tätigkeiten gewinnen zu können (vgl. PÖCHHACKER 2000:44; ROBERTS 1997:20). Durch die isolierende Arbeitsumgebung der Community Interpreter kann seine Arbeit auch nicht von anderen Dolmetschern beurteilt werden wie es z.B. im Fall des Konferenzdolmetschers der Fall ist. Im Falle des Community Interpretings müssen die professionellen Community Interpreter lernen, ihre Leistung selbst einschätzen und beurteilen zu können (vgl. GENTILE 1997:113f).

Der Beruf Community Interpreter kann allerdings letzendlich nur an Professionalität und Achtung gewinnen, wenn die politischen Verantwortlichen, die staatlichen Einrichtungen, das Fachpersonal, die Migranten und Berufsverbände sowie andere professionelle Dolmetscher realisieren, dass nicht jedermann diese Arbeit ausüben kann. Nur ausgebildete Fachkräfte sollten diese Arbeit ausüben.

In Deutschland muss beispielsweise auf der politischen Ebene noch sehr viel geschehen, bevor man nur annähernd an den oben beschriebenen optimalen

Zustand des Community Interpretings gelangt. Es muss u.a. eine Veränderung der Ausländer- und Sprachpolitik des Landes stattfinden. Und dazu fühlt sich zurzeit keine politische Partei in Deutschland in der Lage. Ein großer Fortschritt wäre schon einmal, wenn die Krankenkassen oder der Staat die anfallenden Kosten eines professionellen Dolmetschers übernehmen würden wie sie es in Schweden tun. Um den Verantwortlichen die Vorteile und Möglichkeiten des Berufes Community Interpreting deutlich zu machen, bedarf es weiterhin empirischer Untersuchungen, die sich u.a. damit befassen, die Kosten zwischen Laien-Dolmetschern und professionellen Dolmetschern zu vergleichen. Diese Untersuchungen würden sicherlich zeigen, dass die Folgekosten bei einem unprofessionell gedolmetschten Gespräch viel höher sind als die Gage für einen Community Interpreter (vgl. HACKENBROCH 2000). Natürlich kann die Entwicklung von Ausbildungsprogrammen und staatlichen Anerkennungsmaßnahmen nicht von heute auf morgen erfolgen, aber zurzeit gibt es in Deutschland nur wenige Initiativen in diese Richtung. Statistisch gesehen gehen die Zahlen der Ausländer in Deutschland zwar zurück, doch ist die Zahl der neuen Migranten immer noch so groß, dass eine staatliche Förderung des Berufes Community Interpreting begründet ist. Aber nicht nur der Staat muss auf die missliche Lage im Land aufmerksam gemacht werden. Auch Ärzte, Krankenschwestern, Behördenmitarbeiter usw. müssen auf sie aufmerksam gemacht werden. Sie alle müssen lernen mit qualifizierten Community Interpretern zusammenzuarbeiten und sie als gleichwertige Fachkräfte zu betrachten. Community Interpreting muss den Titel des „zweitklassigen Dolmetschens" ablegen und von anderen Dolmetschern den Respekt bekommen, den dieser Berufszweig verdient hat. Dies kann wiederum nur eintreten, wenn Community Interpreter eine solide Ausbildung absolvieren. Wie genau so eine solide Ausbildung aussehen könnte soll im folgenden Kapitel dargestellt werden.

6. Wie kann man Community Interpreter ausbilden?

Weltweit existieren zurzeit nur sehr wenige Ausbildungsmöglichkeiten für Community Interpreter. Einige Ausbildungskurse dauern ein paar Stunden, während andere mehrere Jahre dauern. Die meisten Kurse werden momentan in Nordamerika angeboten. Aber trotz der Bemühungen der Nordamerikaner auf diesem Gebiet fehlt auch dort die Basis für staatlich anerkannte Abschlüsse, die zu einer Professionalisierung des Berufes führen könnte (vgl. ROAT;OKAHARA 1998). Und obwohl der erste Ausbildungskurs bereits 1975 in Australien stattfand, ist die Ausbildung zum Community Interpreter „in a global sense [...] still in its infancy" (GENTILE 1997:114). Es gibt keinen Standard, was den Inhalt, die Länge und Intensität einer Community Interpreter- Ausbildung betrifft.

Wenn Community Interpreting eine positive und vor allem professionelle Zukunft haben soll, muss man sich aber Gedanken über eine sinnvolle und durchführbare Ausbildungsmöglichkeit für Community Interpreter machen. Hierzu sollte man sich zunächst folgende Fragen durch den Kopf gehen lassen:

- Wie sollen zukünftige Community Interpreter ausgebildet werden?

- Welche verschiedenen Aspekte sollen bei dieser Ausbildung in Betracht gezogen werden?

- Über welche kulturellen, interkulturellen, sprachlichen und fachspezifischen Fähigkeiten muss der Community Interpreter verfügen?

- Wie kann man diese Fähigkeiten unterrichten?

- Welches Lehrmaterial soll benutzt werden?

- Wer soll das Lehrmaterial entwickeln und vor allem unterrichten?

- Welche Personen sollen zu Community Interpretern ausgebildet werden?

- Auf welcher Ausbildungsebene und in welchem Zeitraum soll der Unterricht erfolgen?

- Hochschulstudiengang, interne Fortbildung im Krankenhaus, Abendkurse an der Volkshochschule? In vier Wochen, sechs Monaten oder mehreren Jahren?

- Welche Abschlüsse sollen die Kursabsolventen bekommen? Werden diese Abschlüsse landesweit anerkannt?

Wie oben bereits erwähnt wurde, versuchen einige deutsche Krankenhäuser wie das Klinikum Kassel oder das Universitätsklinikum Frankfurt/Main seit geraumer Zeit, eigene Dolmetscher- Projekte und Dolmetscherpools zu entwickeln und bieten daher interne Fortbildungen für zweisprachige Mitarbeiter an. Diese Projekte sind ohne Zweifel sehr sinnvoll in Städten bzw. Krankenhäusern mit hohem Ausländeranteil. Sie sind allerdings im Moment auch nur in größeren Krankenhäusern finanziell machbar. Und selbst wenn diese Kurse in kleineren Städten und Krankenhäusern finanzierbar wären, sind nicht alle Betroffenen von ihrer Notwendigkeit überzeugt wie ich in meinen Interviews feststellen konnte.

> „[...] im Krankenhaus, denke ich ist das [Dolmetscherausbildung und -zentrale. Anm. des Verfassers] ein bisschen zu weit übers Ziel hinausgeschossen, so groß ist die Not denn doch nicht. Es kann sein, dass in anderen Vierteln, wo der Ausländeranteil noch größer ist, ein Bedarf vorhanden ist, aber in einer Stadt wie Hildesheim halte ich das nicht für erforderlich" (INTERVIEW 2).

Diese Kurse tragen des Weiteren nicht zur Professionalisierung des Community Interpreting- Berufes bei. Das zweisprachige Krankenhauspersonal übt trotz der Fortbildung seine normale Tätigkeit im Krankenhaus aus, das Gehalt wird nicht erhöht und die dolmetschenden Personen stellen immer noch Laien-Dolmetscher ohne staatliche Anerkennung dar.

Einen anderen Weg der Ausbildung für Community Interpreter beschreitet seit Oktober 1999 die Fachhochschule Magdeburg-Stendal.

> „Die hier ausgebildeten Fachleute sorgen [..], dass Menschen, die der Landessprache nicht ausreichend mächtig sind, wegen ihrer mangelnden Sprachkenntnisse nicht benachteiligt werden [...]" (NORD 2001:32).

In Magdeburg-Stendal werden deutsche und ausländische Studenten in einem internationalen Bachelor-Studiengang als Fachdolmetscher ausgebildet. Sie können zwischen zwei Fachrichtungen wählen: „Fachdolmetschen bei Behörden und Gerichten" oder „Fachdolmetschen bei Behörden und im Gesundheitswesen". Vor Beginn des Studiums müssen sich alle Bewerber einer Eignungsprüfung unterziehen. Zulassungsbeschränkungen für diesen Studiengang sind die Allgemeine Hochschulreife bzw. Fachhochschulreife und der Nachweis über die bestandene Eignungsprüfung. Ausländische Studenten müssen zusätzlich dazu eine in der BRD anerkannte Hochschulzugangsberechtigung haben und darüber hinaus noch eine Prüfung zum Nachweis ausreichender Deutschkenntnisse machen. Durch eine wissenschaftlich fundierte und praxisorientierte Ausbildung sollen die Studenten auf eine sprachmittlerische Tätigkeit in Behörden, Gerichten und im medizinischen Bereich sowie auf Tätigkeiten in verwandten Gebieten der interkulturellen/interlingualen

Kommunikation vorbereitet werden. In Magdeburg-Stendal werden nur Deutsch, Englisch, Französisch, Russisch und Spanisch unterrichtet. Während des Kurses studiert man drei Sprachen, die Grundsprache (A-Sprache) und zwei Fremdsprachen (B- und C-Sprache). Die Sprachen sind frei wählbar, so dass auch ausländische Studenten die Möglichkeit besitzen ihre Muttersprache als Grundsprache zu studieren. Für alle Sprachen, außer Spanisch, sind sehr gute Kenntnisse schon zum Beginn des Studiums erforderlich. Intensivkurse für Spanisch werden an der Fachhochschule nicht angeboten, obwohl man ohne Vorkenntnisse in dieser Sprache das Studium antreten darf. Hier ist der Student gefordert, sich die nötigen Sprachkenntnisse selbst anzueignen. Ein Auslandssemester und ein Praktikum in dem gewählten Fachbereich sind während des Studiums vorgeschrieben. Während des Studiums lernen die Studenten u.a. die Verbesserung ihrer schriftlichen und mündlichen Sprachkenntnisse, die theoretischen und praktischen Probleme des Dolmetschens und Übersetzens, Dolmetschen bei Behörden, vor Gericht und im Gesundheitswesen, medizinische und juristische Grundlagen sowie kulturelle Kompetenz. Das Studium wird mit der Bachelor- Prüfung abgeschlossen und den erfolgreichen Studenten wird schließlich der Titel „Bachelor des Fachdolmetschens bei Behörden und Gerichten" oder „Bachelor des Fachdolmetschens bei Behörden und im Gesundheitswesen" bzw. *„Bachelor of Technical Interpreting in Community and Court Interpreting"* oder *„Bachelor of Technical Interpreting in Community and Health-Service"* verliehen. Durch den Bachelor- Titel erhofft sich die Fachhochschule bessere Chancen auf dem Arbeitsmarkt für ihre Absolventen. Allerdings hat noch kein Student bis heute diesen Studiengang abgeschlossen. Zusätzlich zu diesem Studiengang bietet die Fachhochschule Magdeburg-Stendal auch einen Weiterbildungskurs mit dem Titel „Dolmetschen und Übersetzen für Gerichte und Behörden" in Form eines Wochenendseminars an. Bei diesem Weiterbildungskurs kann man eine offizielle Qualifizierung (Zertifikat) erlangen. Der Kurs wurde für Personen mit Erfahrungen in Gerichts- und Behördendolmetschen, aber ohne anerkannte Dolmetscherausbildung konzipiert. Sehr gute Kenntnisse der Arbeitssprachen (Deutsch, Englisch, Französisch, Spanisch, Russisch und Polnisch) sollten die Teilnehmer schon am Anfang des Kurses besitzen, da Sprachunterricht während der insgesamt 100 Unterrichtsstunden nicht erteilt wird. Die Kosten für die Weiterbildung betragen circa €500 (vgl. FACHHOCHSCHULE MAGDEBURG-STENDAL 2001; NORD 2001; APFELBAUM;BISCHOFF 2002).

Es existieren jedoch mehrere Faktoren, die gegen eine universitäre Ausbildung von Community Interpretern sprechen. Ein Faktor ist z.B. das Alter der Auszubildenden. In Australien hat nämlich die Erfahrung gezeigt, dass das Alter der Teilnehmer bei der Community Interpreting- Ausbildung eine wesentliche Rolle spielt. "One of the main features of teaching community interpreting is

the high average age of the student" (GENTILE 1996 zit. nach Y GAMAL 2001). In Australien ist der durchschnittliche Community Interpreter der Zukunft eine berufstätige Migrantin ab 35 mit Familie, die oftmals in der Vergangenheit als Laiendolmetscher gearbeitet hat und jetzt eine Ausbildung absolvieren und eine formale Anerkennung bekommen möchte (vgl. Y GAMAL 2001). Das etwas höhere Alter hat sich als großer Vorteil für die Tätigkeit als Community Interpreter herausgestellt, denn die Arbeit eines Community Interpreters erfordert auch körperliche und seelische Stärke, die einem jüngeren Menschen oftmals noch fehlt. Da normalerweise eher junge Menschen einen Studiengang belegen, kann man ein Hochschulstudium für Community Interpreting als nicht sehr geeignete Ausbildungsweise definieren. Des Weiteren wären die finanziellen Kosten eines Studiengangs für viele Migranten oder Ausländer, die sich besonders gut als Community Interpreter eignen würden, zu hoch. Es ist auch fraglich, ob z.B. das deutsche Bildungssystem diese Migranten oder Ausländer überhaupt für einen Studiengang zulassen würde.
Ein praxisorientiertes Weiterbildungsprogramm in einer Erwachsenenbildungseinrichtung stellt meiner Meinung nach die bessere Ausbildungsmöglichkeit für Community Interpreter dar. Allerdings soll dies nicht heißen, dass man auf die Zusammenarbeit mit den Hochschulen verzichten kann.
Eine Community Interpreter- Aus- bzw. Fortbildung sollte als berufsbegleitende Kurzausbildung konzipiert sein. Bei dieser Kurzausbildung sollten die Auszubildenden die Möglichkeit haben, während circa 100 Unterrichtsstunden am Abend eine gute Qualifizierung bzw. Weiterbildung zu erlangen. Die Betreuung und der Unterricht könnte durch die Beschränkung der Teilnehmerzahl intensiver gestaltet werden. Diese Art der Ausbildung würde auch sogenannten „neuen" Migranten, die über eine ausreichende Vorbildung und sprachliche Kompetenzen verfügen, die Möglichkeit geben, einen neuen professionellen Beruf zu erlernen (vgl. VON ARX-WEGNER 2001). Aber auch Ausländer der zweiten oder dritten Zuwanderergeneration können diese Möglichkeit wahrnehmen. Sie eigen sich insbesondere für den Beruf des Community Interpreters, da sie bei den betroffenen Personen (hilfesuchenden Migranten, etc.) Vertrauen erwecken: „man freut sich, im fremden Land auf Gleichgesinnte zu treffen" (KRUMPIPE 2001:24). Diese Ausländer sind die Menschen, die sowohl Kenntnisse von seltenen Sprachen, Dialekten und Kulturen besitzen, als auch über Wissen von dem jeweiligen Land, in dem sie leben, seinen Behörden und seiner Sprache verfügen.
Ideale Voraussetzungen für den Community Interpreter sind neben den sprachlichen und kulturellen Kenntnissen auch eine Vorbildung in dem gewünschten Arbeitsbereich, z.B. als Krankenschwester, Pfleger usw., so dass man schon im Voraus Kenntnisse über die Abläufe im medizinischen Bereich besitzt.

Die Festlegung der nötigen Voraussetzungen für die Zulassung zu einem Community Interpreting- Aus-/Weiterbildungskurs ist ein Muss und gestaltet sich äußerst schwierig (vgl. ROBERTS 1997:18). Die Zulassungsbeschränkungen müssen genau festgelegt werden. Zu den Grundvoraussetzungen, um an einem Community Interpreting- Kurs teilnehmen zu können, zählen zunächst sicherlich hohe grund- und fremdsprachliche Kenntnisse. Zusätzliche - wünschenswerte - Eigenschaften wären darüber hinaus kulturelle Kenntnisse, gutes Allgemeinwissen, Grundwissen des zu studierenden Sachgebietes, Belastbarkeit, Konzentrationsfähigkeit, Flexibilität, emotionale Stabilität, die Fähigkeit sich in andere Menschen hineinzufühlen, die Kompetenz und der Wille sich Dolmetschfähigkeiten und ethische Grundsätze anzueignen sowie ausgeprägte kommunikative Fähigkeiten.

"Besonders einen Dolmetscher, der nicht kontaktfreudig und kommunikativ ist, kann man sich nicht vorstellen (KAUTZ 2000:23).

Die Kursteilnehmer sollten sich auch von Anfang an der Verantwortung und Schwierigkeiten des Berufes bewusst werden. Während der Ausbildung sollen die mitgebrachten Fähigkeiten und Kenntnisse durch Lehrveranstaltungen und durch die eigene Motivation weiterentwickelt und perfektioniert werden, so dass die Teilnehmer nach Abschluss des Kurses die nötigen Kenntnisse und die nötige Sicherheit besitzen, den Beruf des Community Interpreters auszuüben.

Die Vorkenntnisse der möglichen Kursteilnehmer müssen auf jeden Fall vorab geprüft werden. Es muss eine sorgfältige Selektion der Kandidaten vorgenommen werden, da Vorteile für den Verlauf des Kurses daraus resultieren können.

"The teaching experience also reveals that adequate knowledge about the applicants' educational and professional backgrounds, if obtained early, could have a beneficial impact on the selection of students, design and synchronisation of the teaching materials, allocation of individualised assignments as well as on the determination of the pedagogic dose of linguistics and translation" (Y GAMAL 2001).

"Merely testing language competency is not enough to ascertain whether a candidate has adequate interpreting skills [...]" (MIKKELSON;MINTZ 1997a:56).

Wie beim Auswahlverfahren an der Universität Magdeburg-Stendal müssen auch bei einer Fortbildungsmaßnahme mündliche und schriftliche Eignungsprüfungen durchgeführt werden, um herauszubekommen, ob die Teilnehmer die nötigen Kenntnisse wirklich besitzen (vgl. KAUTZ 2000:26f). Hier könnte vor allem ein Vorgespräch nützlich sein, um die Fähigkeiten und Kenntnisse der Bewerber ohne die Belastungen einer Prüfung zu ermitteln und sich ein

Bild von den Kandidaten im Voraus machen zu können. Dieses Gespräch mit den Kandidaten könnte in der Mutter- und Fremdsprache erfolgen und von muttersprachlichen Prüfern durchgeführt werden.

> „Die Kommunikationsfähigkeit lässt sich in Eignungstests usw. relativ am leichtesten feststellen; dabei empfiehlt es sich, dies vorwiegend in der Muttersprache des Getesteten zu tun, um die Auswirkungen fremdsprachlicher Defizite zu eliminieren" (a.a.O.:23).

Somit würden diese Gespräche als Beratung sowie als Sprach- und Eignungstest dienen. Von einer schriftlichen Prüfung als einzige Prüfungsform ist prinzipiell abzuraten, da es sich beim Beruf des Community Interpreters hauptsächlich um eine mündliche Arbeit handelt. Untersuchungen in Dänemark haben zudem gezeigt, dass viele Bewerber die nötigen Sprechfertigkeiten besaßen, aber nicht die nötigen schriftlichen Kenntnisse in Dänisch und ihrer eigenen Muttersprache.

> „Many applicants do not read Danish well enough to be able to translate correctly into their mother tongue, and many - especially in the Arab and Turkish groups - do not master written Arabic and Turkish at all" (HAMERIK et al. 1998).

Die schriftlichen Fähigkeiten sollte man allerdings auch nicht völlig vernachlässigen, denn im späteren Beruf wird nicht nur gedolmetscht, sondern zum Teil auch schriftlich übersetzt, z.B. wenn der Community Interpreter als *advocate* tätig sein muss.

Die Grundideen, Zulassungsbeschränkungen und Inhalte des Kurses sind jedoch nicht unbedingt die größten Probleme für einen Community Interpreting- Kurs. Die Frage nach der Finanzierung zum einem und nach dem Sprachunterricht (Welche Sprachen sollen unterrichtet werden?) zum anderen stellen sich durchaus problematischer dar. Traditionelle Sprachen wie Englisch oder Französisch sind bei Community Interpreting nicht sehr hilfreich und oft sogar unbrauchbar (vgl. INTERVIEWS 2002). Die Wahl der Sprachen, die in einem Kurs gelehrt werden sollen, ist vielleicht der Stolperstein für die Entwicklung eines Kurses für Community Interpreting, denn beim Community Interpreting ist der Bedarf an gewissen Sprachen oft sehr wechselhaft. Sprachen, die man heute kaum braucht, sind morgen oder übermorgen schon der Alltag (vgl. ENGLUND DIMITROVA 1997:147; GENTILE 1997:114; KAUTZ 2000:336). So waren in den neunziger Jahren in Deutschland beispielsweise Kroatisch, Serbisch und Albanisch auf Grund der Kriege auf dem Balkan sehr gefragt. Diese Situation hat sich in den letzten Jahren durch einen Strom von Flüchtlingen aus Afrika und Asien geändert.

Diese Flüchtlinge sprechen oftmals Sprachen und Dialekte, die in Deutschland kaum gesprochen, gelehrt oder bekannt sind.

„[...] some of the so-called world languages are in fact not even considered in discussions about community interpreting" (GENTILE 1997:114).

Hinzu kommt das Problem des Bildungsstandes (Analphabetismus) und der muttersprachlichen Kompetenz vieler hilfesuchenden Zuwanderer. Die Kompetenz in der Muttersprache ist ein sehr wichtiger Punkt für die Ausbildung von Community Interpretern. Studien haben gezeigt, dass auch diese Kompetenz mit der Zeit abbaut, wenn man nicht mehr in seinem Heimatland lebt oder nicht seine muttersprachlichen Kenntnisse kontinuierlich erneuert.

„One of the most challenging issues is the fact that interpreters speak their mother tongue while living in the culture of their second language. Depending on the length of residence and mother tongue consolidation all migrants will suffer from linguistic attrition" (Y GAMAL 2001).

Als Beispiel für dieses Problem kann man die seit 1985 stattfindenden Ausbildungskurse für Community Interpreter in der Kopenhagener *Business School* und in der *Aarhus School of Business* in Dänemark nennen. Viele der Bewerber in Kopenhagen und Aarhus erfüllen auf Grund fehlender mutter- und fremdsprachlicher Kompetenz die schriftlichen und mündlichen Zulassungsbeschränkungen nicht. Dadurch werden die Teilnehmerzahlen teilweise so stark geschwächt, dass verschiedene Kurse nicht stattfinden können. Von den 28 serbokroatischsprechenden und den 16 türkischen Bewerbern im Jahr 1998 erfüllten beispielsweise nur neun bzw. drei die Zulassungsbeschränkungen in Kopenhagen; die Mindestteilnehmerzahl ist aber aus finanziellen Gründen auf 12 Personen festgelegt (vgl. HAMERIK; MARTENSEN 1998). Roberts erklärt die Problematik der Auswahl der Kursbewerber mit „exotischen" Sprachen folgenderweise:

„[...] given that community interpreting involves uncommen languages, it is difficult to find candidates, much less to be selective in their choice" (ROBERTS 1997:18).

Aufgabe eines Ausbildungskurses wäre daher, die mündlichen und schriftlichen muttersprachlichen Kenntnisse der Kursteilnehmer deutlich zu verbessern und zu erhalten, insbesondere bei Migranten der zweiten oder dritten Zuwanderergeneration.

Nicht nur die Kursteilnehmer, auch die Lehrkräfte eines Community Interpreting- Kurs müssen sehr sorgfältig ausgewählt werden. Das *Institute für*

Dolmetschen und Übersetzen in Stockholm hat z.b. folgende Vorschläge für die Auswahl der Lehrkräfte ausgearbeitet:

- Die Ausbilder sollen eine akademische Ausbildung absolviert haben und Dolmetsch- und Sachkenntnisse, weitreichende Erfahrungen der Dolmetschpraxis und sehr gute Sprachkenntnisse in der Mehrheitssprache und mindestens einer Minderheitssprache besitzen.

- Die Ausbilder müssen in der Lage sein, ihr Wissen über Sprachkenntnisse, Dolmetschtechniken und –ethik, Fachwissen, Terminologie zu unterrichten, als auch soziale, politische und kulturelle Unterschiede zwischen dem Aufnahmeland und der alten Heimat und die daraus resultierenden Probleme den Studenten mitzuteilen.

- Die Ausbilder sollten die Studenten das selbstständige Arbeiten beibringen und ihnen zeigen, wie man erfolgreich recherchiert.

- Die Ausbilder sollen Workshops und originalgetreue Situation in den Unterrichtsstoff einbauen (vgl. INSTITUTE FOR INTERPRETATION AND TRANSLATION STUDIES STOCKHOLM UNIVERSITY 1997a).

In der Literatur werden erfahrene Community Interpreter mit guten Praxiskenntnissen für die Tätigkeit als Lehrkräfte bevorzugt, da sie die Kursteilnehmer die nötigen Kenntnissen und Techniken vermitteln können (vgl. ROBERTS 1997:23). Oftmals erweist es sich in der Praxis jedoch als äußerst schwierig, erfahrene Community Interpreter zu finden, da es einfach keine gibt. Besonders schwierig ist es Lehrkräfte für exotische Sprachen zu finden wie z.B. für Amharisch, der Amtsprache von Äthiopien. Es ist allerdings durchaus möglich auf die traditionellen Sprachen (Englisch, Französisch und Spanisch) als Ausbildungssprachen zurückgreifen.

„[...] the lectures and exercises are conducted primarily in English, because it is financially unfeasible to set up separate courses for students with different language combinations" (ROBERTS 1997:18).

Sicherlich ist diese Vorgehensweise keine ideale Lösung. Fehlender Sprachunterricht kann negative Auswirkungen auf die Ausübung des späteren Berufes haben. Beim Community Interpreting gilt ohnehin folgende Regel: Die Hauptbeteiligten der Kommunikation (z.B. Arzt und Patient) sollten immer in ihren Muttersprachen sprechen können. Wenn hilfesuchende Migranten aus Afrika oder Asien und der Arzt beispielsweise Fremdsprachenkenntnisse in Englisch oder Französisch besitzen, sollte die Verständigung zwischen ihnen trotzdem mit Hilfe eines Community Interpreters erfolgen. Nur auf diese Weise kann den Hilfesuchenden einhundertprozentig geholfen und eine gleichberechtigte Behandlung angeboten werden. Sprachen wie Englisch oder Französisch sind allerdings

gute Lösungsmöglichkeiten in Notsituationen. Aber Notlösungen sind auf keinen Fall die Antwort auf die sprachlichen Probleme, die zurzeit in öffentlichen und medizinischen Einrichtungen vorhanden sind. Die Kosten für einen Aus-/Weiterbildungskurs für Community Interpreting sind ziemlich hoch (vgl. NORD 2001:33), daher können sich finanziellschwache Personen diesen Kurs sicherlich nicht leisten. Aus diesem Grund müssen staatliche Förderungsmittel freigegeben werden.
Ein Aus-/Weiterbildungskurs wäre jedoch durchaus finanzierbar, wenn er an einer Erwachsenenbildungseinrichtung (z.b. Volkshochschule in Deutschland) stattfinden würde. In Deutschland könnte des Weiteren mit der Industrie- und Handelskammer (IHK) zusammengearbeitet werden, welche auch für die notwendige staatliche Annerkennung für den Beruf Community Interpreter sorgt. Seit Jahren besteht in Deutschland beispielsweise die Möglichkeit, eine anerkannte Fortbildungsprüfung von der IHK als Wirtschaftsübersetzer/in und –dolmetscher/in abzulegen. Die IHK selbst veranstaltet zwar keine Kurse für diese Prüfung, doch bieten verschiedene Einrichtungen und Sprachschulen (Volkshochschulen) solche Kurse an (vgl. Anhang 9). Die Rahmenbedingungen für eine anerkannte Qualifizierung, Prüfung und Prüfungsvorbereitung sind folglich schon in Deutschland gegeben. Sie müssten lediglich für den Bereich Community Interpreting spezifiziert und ausgebaut werden. Auch eine finanzielle Unterstützung durch das Arbeits- und Sozialamt ist durchaus denkbar. Finanziell gesehen stellen momentan allerdings hausinterne Fortbildungen den besten und einfachsten Lösungsansatz für das Verständigungsproblem im medizinischen Bereich in Deutschland dar. Da die Krankenhäuser oder andere Trägerorganisationen die Kosten der Fortbildung übernehmen, bestehen für die Teilnehmer des Weiteren weniger finanzielle Risiken, auch wenn sie den Kurs abbrechen sollten (vgl. PÖCHHACKER 2002).

7. Fazit

Durch die Globalisierung wächst die Welt heute immer mehr zusammen. Es gibt heute wohl kaum noch ein Land, dass sich als monolingual bezeichnen kann. Leider haben die meisten Länder diese Tatsache noch nicht erkannt. Daher wird auch nicht intensiv nach Lösungen für Kommunikationsprobleme im eigenen Land gesucht, denn es gibt ja keine! So ist die momentane Situation von Community Interpreting - wie die vorherigen Kapitel gezeigt haben - weltweit geradezu als ein Desaster zu beschreiben. Deutschland stellt hier leider keine Ausnahme dar. Es muss noch sehr viel auf diesem Gebiet geleistet werden, um eine gleichwertige Behandlung von Ausländern, die die Mehrheitssprache nicht sprechen, garantieren zu können. Der Grund für fehlende Maßnahmen wie Ausbildungen, Qualifizierungen, Anerkennungen und das nicht Einsetzen von qualifizierten Community Interpretern in Deutschland ist im Großen und Ganzen auf ökonomische und gesellschaftspolitische Bedingungen des Landes zurückzuführen, die grundlegend geändert werden müssen (vgl. FREIGANG 2002:6).

> „Dass sich auch in Zukunft wenig an der Haltung der monolingual ausgerichteten deutschen Institutionen gegenüber der mehrsprachigen Realität dieses Landes ändern wird, ist allerdings nicht zuletzt auch ein Ergebnis der politischen Debatte um Einwanderung und Einwanderer, die in hohem Maße vom Abschottungsgedanken geprägt ist" (MEYER 2002:10).

Die Bereiche Zuwanderung und Integration sind und bleiben politische Minenfelder. Die Meinungen der Politiker sowie der allgemeinen Bevölkerung zu diesen beiden Themen tragen des Weiteren nicht zu einer Verbesserung der Community Interpreting- Situation in Deutschland bei, denn auch in Zukunft werden sich viele Menschen fragen, warum ein Staat wie Deutschland überhaupt Geld für Ausländer und Migranten ausgeben soll, die die Landessprache nicht gelernt haben bzw. gar nicht lernen wollen. Schließlich ist das Beherrschen der Sprache des Landes, in dem man lebt, ein wichtiger Bestandteil der Integration. Auch die in den letzten Jahren gestiegene Ausländerfeindlichkeit in den westlichen Industrieländern hat nicht viel für die Integration und Akzeptanz der Migranten und Ausländer sowie der Bewältigung ihrer sprachlichen Probleme beigetragen. Die Politiker und die Allgemeinbevölkerung Deutschlands müssen die Tatsache erkennen, dass Deutschland ein multikulturelles Land mit einer großen Sprachenvielfalt ist. Allein in einer mittelgroßen Stadt wie Hildesheim wohnen wie oben dargestellt wurde ungefähr 130 verschiedene Nationalitäten.
Deutschland muss versuchen, den bestehenden sprachlichen Problemen zwischen öffentlichen und medizinischen Einrichtungen und ausländischen Bür-

gern entgegenzuwirken. Hierfür sind Ausbildungsmöglichkeiten für Community Interpreter meiner Meinung nach im Moment unumgänglich. Denn selbst wenn Migranten und Ausländer den Willen haben, die Sprache ihres neuen Heimatlandes zu erlernen, dauert diese Möglichkeit sicherlich länger als ein Aus- bzw. Weiterbildungskurs für Community Interpreter. Dies soll nicht heißen, dass Community Interpreter als Ersatz für das Erlernen der Landessprache zu betrachten sind. Das Erlernen der Sprache ist als *das* wichtigste Ziel zu beschreiben, welches angestrebt werden sollte, um sprachliche Schwierigkeiten gar nicht erst aufkommen zu lassen. Möchte man aber relativ zügig dem Grundrecht auf eine gleichberechtigte und gleichwertige Behandlung nachkommen, kommt man ohne professionelle Dolmetscher im medizinischen Bereich, vor Gerichten und bei Behörden nicht aus. Politiker, Allgemeinbevölkerung und Ausländer müssen auf die momentane missliche Lage in diesen Bereichen aufmerksam gemacht werden, damit sich an ihr etwas ändert und folgendes Zitat in naher Zukunft nicht mehr zutrifft:

> „[...] alle Beteiligten, sogar die Patienten selber, handeln so, als wäre die Ungleichbehandlung völlig natürlich" (MEYER 2002:11).

Allerdings bin ich der Ansicht, dass sich in naher Zukunft nicht viel an der momentanen Situation von Community Interpreting ändern wird. Auch in Zukunft wird die Ungleichbehandlung als völlig normal betrachtet werden. Die wirtschaftlichen und politischen Grundvoraussetzungen für eine Änderung sind im Moment einfach nicht gegeben. Selbst relativ „reiche" Länder wie Schweden stellen immer weniger Geld für soziale Leistungen wie Community Interpreter zur Verfügung. All dies und die Tatsache, dass sich niemand - weder Politiker, noch Mediziner oder Hochschulleitungen - für die sprachliche Gleichstellung von Ausländern interessiert bzw. zuständig fühlt, führt letztendlich dazu, dass

> „Dolmetschen im Krankenhaus [...] auf absehbare Zeit kein Markt für professionelle Dolmetscher [ist]. Professionell bezahlte Dolmetschtätigkeit wird im medizinischen Bereich solange die Ausnahme bleiben, wie der politische Wille zu einer Veränderung der [...] Einwanderungs- und Sprachpolitik fehlt" (MEYER 2002:11).

Literaturverzeichnis

AMMANN, Margret (1995):
„Kommunikation und Kultur"
Dolmetschen und Übersetzen heute.
Frankfurt/Main: IKO-Verlag für Interkulturelle Kommunikation

ANGENENDT, Steffen (Hrsg.) (1997):
Migration und Flucht: Aufgabe und Strategien für Deutschland,
Europa und die internationale Gemeinschaft
München: R. Oldenbourg

APFELBAUM, Birgit; Hermann MÜLLER (1998a):
Fremde in Gespräch. Gesprächsanalytische Untersuchungen zu Dolmetschinteraktionen, interkultureller Kommunikation und institutionalisierten Interaktionsformen.
Frankfurt am Main: Verlag für Interkulturelle Kommunikation

APFELBAUM, Birgit (1998b):
„I think I have to translate first...". Zu Problemen der Gesprächsorganisation in Dolmetschsituationen sowie zu einigen interaktiven Verfahren ihrer Bearbeitung.
In: B. APFELBAUM; H MÜLLER (1998a: 21-45)

ARNTZ, Reiner; Heribert PICHT (Hrsg.) (1991):
Einführung in die Terminologiearbeit
Hildesheim: Olms Verlag

BADE, Klaus J.; Rainer MÜNZ (Hrsg.) (2000):
Migrationsreport 2000
Bundeszentrale für politische Bildung
Frankfurt/Main: Campus Verlag

BELL, Sherrill J. (1997):
„The Challenges of Setting and Monitoring the Standards of Community Interpreting"
In: S. CARR et al. (Hrsg.) (1997a: 93-108)

BOWEN, Margareta (1998):
„Community Interpreting"
In: M. SNELL-HORNBY et al. (Hrsg.) (1998: 319-321)

BREDELLA, L.; H. CHRIST (Hrsg.) (1996):
Begegnungen mit dem Fremden
Gießen: Verlag der Ferber'schen Universitätsbuchhandlung
BROWN, Lesley (Ed.) (2000):
Cassell's English dictionary
London: Cassell & Co.

BÜHRIG, Kristin; Bernd MEYER (1998):
„Fremde in der gedolmetschten Arzt-Patienten-Kommunikation"
In: B. APFELBAUM; H, MÜLLER (1998a: 85-110)

BULLOCK, Carolyn; Brian, HARRIS (1997):
„Schoolchildren as Community Interpreters"
In: S. CARR et al. (Hrsg.) (1997a: 227-235)

BUSSMANN, Hadumod (1990):
Lexikon der Sprachwissenschaft, 2., völlig neu bearb. Aufl.
Stuttgart: Alfred Körner Verlag

BUTTERWEGGE, Christoph et al. (Hrsg.) (1999):
Medien und multikulturelle Gesellschaft
Opladen: Leske & Budrich

CARR, Silvana et al. (Hrsg.) (1997a):
The critical link: Interpreters in the community. Papers from the 1st international conference on interpreting in legal, health and social service settings (Geneva Park Canada June 1-4 1995)
Amsterdam: Benjamins

CARR, Silvina (1997b):
„A three-tiered health care interpreter system"
In: S. CARR et al. (Hrsg.) (1997a: 271-276)

CHESHER, Terry (1997):
„Rhetoric and reality"
'Two decades of Community Interpreting and translating in Australia'
In: S. CARR et. al (Hrsg.) (1997a: 277-292)

COLEMAN, Hywel (Hrsg.) (1989):
Working with language. A multidisciplinary consideration of language use in work contexts
Berlin (u.a.): Mouton de Gruyter

CORSELLIS, Ann (1997):
„Training needs of public personnel working with interpreters"
In: S. CARR et al. (Hrsg.) (1997a: 77-89)

DEPPE, H. et al. (Hrsg.) (1989):
Das Krankenhaus
'Kosten, Technik oder humane Versorgung'
Frankfurt am Main: Campus Verlag

DHAWAN, Savita et al. (1995):
„Der Dolmetscher als Brücke zwischen Kulturen und Opfern organisierter Gewalt"
In: K. PELTZER et al. (Hrsg.) (1995: 178-192)

DIEKMANN, Andreas (1996):
Empirische Sozialforschung. Grundlagen, Methoden, Anwendungen, 2.Aufl.
Reinbek bei Hamburg: Rowohlt Taschenbuch Verlag GmbH

DRESCHER, Horst W. (Hrsg.) (1997):
Transfer; Übersetzen, Dolmetschen, Interkulturalität
Berlin: Peter Lang

DRIESEN, Christiane J. (1998):
„Gerichtsdolmetschen"
In: M. SNELL-HORNBY et al. (Hrsg.) (1998: 312-316)

EHLICH, Konrad et al. (1990):
Medizinische und therapeutische Kommunikation. Diskursanalytische Untersuchungen.
Opladen: Westdeutscher Verlag GmbH

ENGLUND DIMITROVA, Birgitta (1997):
„Degree of Interpreter Responsibility in the Interaction process in Community Interpreting"
In: S. CARR et al. (Hrsg.) (1997: 147-164)

FEILHAUER; EHRHARDT (Hrsg.) (1996):
Englisch lernen mit neuen Witzen
(Ohne Ortsangabe):Ravensburger Buchverlag

FRITZ, Gerd et al. (Hrsg.) (1994):
Handbuch der Dialoganalyse
Tübingen: Niemeyer Verlag

GARBER, Nathan; Louise A. MAUFFETTTE-LEENDERS (1997):
„Obtaining feedback from non-English speakers"
In: S. CARR et al. (Hrsg.) (1997a: 131-139)

GASSNER, Hartmut (1997):
„Aussiedlerpolitik"
In: S. ANGENENDT (Hrsg.) (1997: 125-133)
GENTILE, Adolfo (1997):
„Community Interpreting or not?"
In: S. CARR et al. (Hrsg.) (1997a: 109-118)

GÜLICH, Elisabeth (1999):
„Experten" und „Laien": Der Umgang mit Kompetenzunterschieden am Beispiel medizinischer Kommunikation.
In: UNION DER DEUTSCHEN AKADEMIEN DER WISSENSCHAFTEN SÄCHSISCHE AKADEMIE DER WISSENSCHAFTEN ZU LEIPZIG (Hrsg.) (1999: 165-197)

HOUSE, Juliane; Shoshana BLUM-KULKA (1986):
Interlingual and intercultural communication
Tübingen: Gunter Narr Verlag

JESSNITZER, Kurt (1982):
Dolmetscher: „Ein Handbuch für die Praxis der Dolmetscher, Übersetzer und ihrer Auftraggeber im Gerichts-, Beurkundungs- und Verwaltungsverfahren".
München: Heymanns

KALINA, Sylvia (1998):
Strategische Prozesse beim Dolmetschen
Tübingen: Gunter Narr Verlag

KAPP, Volker (Hrsg.) (1991):
Übersetzer und Dolmetscher
Tübingen: Francke Verlag (UTB 325)

KAUFERT, Joseph M. et al. (1985):
„Advocacy, Media and native medical interpreters"
In: R. PAINE (Hrsg.) (1985: 98-115)

KAUTZ, Ulrich (2000):
Handbuch Didaktik des Übersetzens und Dolmetschens
München: Ludicium Verlag

KNAPP, Karlfried; Annelie KNAPP-POTTHOFF (1985):
„Sprachmittlertätigkeit in interkultureller Kommunikation"
In: J. REHBEIN (1985: 450-463)

KNAPP, Karlfried; Annelie KNAPP-POTTHOFF (1986):
„Interweaving two discourses. The difficult task of the non-professional interpreting"
In: J. HOUSE; S. BLUM-KULKA (1986: 151-168)

KORTMANN, Bernd (1999):
Linguistik Essentials
Studium kompakt Anglistik, Amerikanistik
Berlin: Cornelsen

LASCAR, Elizabeth (1997):
„Accreditation in Australia"
In: S. CARR et al. (Hrsg.) (1997a: 119-123)

LENKE, Nils (1995):
Grundlagen sprachlicher Kommunikation
München: Wilhelm Fink Verlag (UTB 1877)

MACLEAN, Joan (1989):
„Approaches to describing doctor-Patient interviews"
In: H. COLEMAN (Hrsg.) (1989: 263-296)

MALETZKE, Gerhard (1996):
Interkulterelle Kommunikation
Zur Interaktion zwischen Menschen verschiedener Kulturen
Opladen: Westdeutscher Verlag GmbH

MEISSNER, F-J. (1996):
„Konnotationen in fremden Sprachen und die Didaktik des Fremdverstehens"
In: L. BREDELLA; H. CHRIST (Hrsg.) (1996: 155-175)

MICHAEL, Suzanne; Marianne COCCHINI (1997):
„Training college students as Community Interpreters"
In: S. CARR et al. (Hrsg.) (1997a: 237-248)

MIKKELSON, Holly; Hanne MINTZ (1997a):
„Orientation workshops for interpreters of all languages"
'How to strike a balance between the ideal world and reality'
In: S. CARR et al. (Hrsg.) (1997a 55-63)

MÜHLBAUER, B.H. (1989):
Krankenhaus der Zukunft
Ulm: Universitätsverlag GmbH

OKSAAR, Els (1979):
In: R. WASSERMANN (Hrsg.) (1979: 83-116)

PAGER, L. (1989):
Andere Länder, andere Leiden
Frankfurt/Main: IKO – Verlag für Interkulturelle Kommunikation
PAINE, Robert (Hrsg.) (1985):
Advocacy and anthropology.
University of Newfoundland: Institute of Social and Economic Research Memorial

PELTZER, Karl et al. (Hrsg.) (1995):
Gewalt und Trauma
„Psychopathologie und Behandlung im Kontext von Flüchtlingen und
Opfern organisierter Gewalt"
Frankfurt/Main: IKO – Verlag für Interkulturelle Kommunikation

PENNEY, Christine; Susan SAMMONS (1997):
„The Nunavut Artic College experience"
In: S. CARR et al. (Hrsg.) (1997a: 65-76)

PETIOKY, Viktor (1991):
„Fachsprachen in der Übersetzer- und Dolmetscherausbildung"
In: V. KAPP (Hrsg.) (1991: 109-122)

PÖCHHACKER, Franz (1997):
„ 'Is there anybody out there?' Community Interpreting in Austria"
In: S. CARR et al. (Hrsg.) (1997a: 215-225)

PÖCHHACKER, Franz (2000):
Dolmetschen
„Konzeptuelle Grundlagen und deskriptive Untersuchungen"
Tübingen: Stauffenburg Verlag

PUEBLA FORTIER, Julia (1997):
„Interpreting for Health in the United States"
In: S. CARR et al. (Hrsg.) (1997a: 165-177)

QUASTHOFF, Uta M. (1990):
„Das Prinzip des primären Sprechers, das Zuständigkeitsprinzip und das Verantwortungsprinzip. Zum Verhältnis von „Alltag" und „Institution" am Beispiel der Verteilung des Rederrechts in Arzt-Patient-Interaktion"
In: K. EHLICH et al. (1990: 66-81)

REHBEIN, Jochen (Hrsg.) (1985a):
Interkulturelle Kommunikation
Tübingen: Gunter Narr Verlag

REHBEIN, Jochen (1985b):
„Ein ungleiches Paar – Verfahren des Sprachmittelns in der medizinischen Beratung"
In: J. REHBEIN (Hrsg.) (1985a: 420-448)

ROBERTS, Roda (1997):
„Community Interpreting today and tomorrow"
In: S. CARR et al. (Hrsg.) (1997a: 7-24)

RÖMER, Karl (1987):
Tatsachen über Deutschland
„Die Bundesrepublik Deutschland"
Gütersloh: Bertelsmann GmbH

ROSUMEK, Silke (1990):
„Sprachliche Rituale" Vertrauensbildende Maßnahmen in der Arzt-Patient-Kommunikation.
In: K. EHLICH et al. (1990: 27-40)

SALEVSKY, Heidemarie (Hrsg) (1992a):
Wissentschaftliche Grundlagen der Sprachmittlung
Berlin: Peter Lang

SALEVSKY, Heidemarie (1992b):
„Dolmetschen-Objekt der Übersetzungs- oder Dolmetschwissenschaft"
In: H. SALEVSKY (Hrsg.) (1992a: 85-117)

SCHWEND, Joachim (1997):
In: H. W. DRESCHER (Hrsg.) (1997: 263-278)

SCHWITALLA, Johannes (1994):
„Gesprochene Sprache – dialogisch gesehen"
In: G. FRITZ et al. (Hrsg.) (1994: 17-36)

SELESCOVITCH, Danica (1991):
„Zur Theorie des Dolmetschens"
In: V. KAPP (Hrsg.) (1991: 37-50)

SNELL-HORNBY, Mary et al. (Hrsg.) (1998)
Handbuch Translation
Tübingen: Stauffenburg (Stauffenburg-Handbücher)

STÄDTISCHES KRANKENHAUS HILDESHEIM GmbH; HILDESHEIMER VOLKS-
HOCHSCHULE e.V (Hrsg.) (1995):
„Zur Aufnahme der leidenden Menschheit bestimmt"
100 Jahre Städtisches Krankenhaus Hildesheim Am Weinberg (1895-1995).
Hildesheim: Verlag Gebrüder Gerstenberg

UNION DER DEUTSCHEN AKADEMIEN DER WISSENSCHAFTEN SÄCHSISCHE A-
KADEMIE DER WISSENSCHAFTEN ZU LEIPZIG (Hrsg.) (1999):
Werkzeug Sprache. Sprachpolitik, Sprachfähigkeit, Sprache und Macht
Hildesheim: Olms Verlag

VALERO GARCÉS, Carmen; Guzmán MANCHO BARÉS (2000):
Traducción e interpretación en los servicios públicos:
Nuevas necesidades para nuevas realidades.
Universidad de Alcalá

VAN DER STOEL, Max (1997):
„Minderheiten, Menschenrechte und die Organisation für
Sicherheit und Zusammenarbeit in Europa"
In: S. ANGENENDT (1997: 258-263)

WADENSJÖ, Cecilia (1992):
Interpreting as Interaction
„On dialogue in immigration hearungs and medical encounters"
Linköping: Linköping University

WADENSJÖ, Cecilia (1998a):
„Erinnerungsarbeit in Therapiegesprächen mit Dolmetschbeteiligung"
In: B. APFELBAUM; H. MÜLLER (Hrsg.) (1998: 47-62)

WADENSJÖ, Cecilia (1998b):
Interpreting as Interaction
London u.a.: Edison Wesley Longman

WASSERMANN, Rudolf (Hrsg.) (1979):
Verständigungsschwierigkeiten als sprachliches Problem
Berlin: Peter Lang

Zeitschriften, Zeitungen und Radiobeiträge

AM ORDE, Sabine (2002):
„Türken fordern Vorschule für alle"
In: *Die Tageszeitung Bremen* (Ersch.:21.02.2002), S.7

AMNESTY INTERNATIONAL, Sektion der BRD e.V. (Hrsg.) (2001):
Asyl-Info (2001) Nr.9
Bonn: Druckerei Leppelt

APFELBAUM, Birgit; Alexander BISCHOFF (2002):
In: *Mitteilungen für Dolmetscher und Übersetzer* (MDÜ)
(2002) Nr. 1, S.12-20

AUMILLER, Josef (2002):
„Zur Behandlung von Patienten mit geringen Deutschkenntnissen"
In: *Mitteilungen für Dolmetscher und Übersetzer* (MDÜ)
(2002) Nr. 1, S.28-30

BERGMANN, Werner (2001a):
„Rassistische Vorurteile"
In: *Information zur politischen Bildung* (2001) Nr.271, S. 24-28

BERGMANN, Werner (2001b):
„Was sind Vorurteile"
In: *Information zur politischen Bildung* (2001) Nr.271, S. 3-9

BÖLSCHE, Jochen (2001):
„Ole und die Zuckertüte"
In: *Der Spiegel* (Ersch.:05.11.2001) Nr. 45, S.52-55

BRAND, Lilli (2000):
„In der U-Haft sind Sprachkenntnisse gefragt"
In: *Die Tageszeitung* (Ersch.:27.12.2000), S.12

BUNDESMINISTERIUM FÜR FAMILIE, SENIOREN, FRAUEN UND JUGEND (2001):
„Familien ausländischer Herkunft in Deutschland"
Leistungen, Belastungen, Herausforderungen
Sechster Familienbericht (2001, Berlin

CARRARO-TOMANEK, Annamaria (2001):
„Verhandlungsdolmetschen- eine Herausforderung"
In: *Mitteilungen für Dolmetscher und Übersetzer* (MDÜ)
(2001) Nr. 2, S.50-53

DEUTSCHE PRESSE AGENTUR (2002):
„Rau zu Türkinnen, Deutsch integriert"
In: *Die Tageszeitung Bremen* (Ersch.:13.03.2002), S.7

EICHHORST, Sabine (1999):
„Mein Körper ist ein Wüstensturm" – Ausländer beim Arzt
Reportage für *Deutschlandradio Berlin* (26.09.1999)

FREIGANG, Karl-Heinz (2002):
„Das Thema: Dolmetschen im Krankenhaus"
In: *Mitteilungen für Dolmetscher und Übersetzer* (MDÜ) (2002) Nr. 1, S.5-6

FUCHS-VIDOTTO, Letizia B. (1998):
„The Critical Link"
In: *Mitteilungsblatt für Dolmetscher und Übersetzer* (1998) Nr. 2, S.24

GEIßLER, Rainer (2000):
„Ethnische Minderheiten"
In: *Information zur politischen Bildung* (2000) Nr.269, S.29-36

GEPHART, Wolfgang (2001):
„Ärztlich Begutachtung von Asylbewerben"
‚Arzt und Praxis'
In: *Niedersächsisches Ärzteblatt* (2001) Nr. 5, S. 26-28

HACKENBROCH, Veronika (2000):
„Anatolischer Bauch"
In: *Der Spiegel* (Ersch.:19.06.2000) Nr. 25, S.224-229

HEIL, Johannes (2001):
„Fremde, Fremdsein von der Normalität eines scheinbaren Problemzustandes"
In: *Information zur politischen Bildung* (2001) Nr.271, S.10-16

HEINEN, Ute (2000):
„Zuwanderung und Integration in der Bundesrepublik Deutschland"
In: *Information zur politischen Bildung* (2000) Nr. 267, S.36-49

HILDESHEIMER VOLKSHOCHSCHULE e.V. (VHS) (2001/2002):
Programm 2. Halbjahr 2001
Programm 1. Halbjahr 2002

HÖXTERMANN, Martin (2001):
„Medizinische Hilfe für Einwanderer"
In: *Die Junge Welt* (Ersch.:19.12.2001)

INFORMATION ZUR POLITISCHEN BILDUNG (2000): Nr.267
„Aussiedler"
Bundeszentrale für politische Bildung (BpB) (Hrsg.)
München: Franzis' print & media GmbH

INFORMATION ZUR POLITISCHEN BILDUNG (2000): Nr.269
„Sozialer Wandel in Deutschland"
Bundeszentrale für politische Bildung (BpB) (Hrsg.)
München: Franzis' print & media GmbH

INFORMATION ZUR POLITISCHEN BILDUNG (2001): Nr.271
„Vorurteile-Stereotype-Feinbilder"
Bundeszentrale für politische Bildung (BpB) (Hrsg.)
München: Franzis' print & media GmbH

KALLMEYER, Jörg (2002):
„Ausländeranteil in der Schule auf 25 Prozent begrenzen"
In: *Die Hildesheimer Allgemeine Zeitung* (Ersch.:08.04.2002) Nr.81, S.1

KEHRWIEDER am SONNTAG (2001):
„Ruhe und Wärme gegen Traumata" (ohne Name)
‚Das Kinderhaus Blauer Elefant in Hildesheim'
In: *Kehrwieder am Sonntag* (Ersch.:09.12.2001) Nr. 50, S. 2

KNAUP, Honrand / Hajo, SCHUHMACHER (2000):
„Stimmen mit Stimmung"
In: *Der Spiegel* (Ersch.:20.03.2000) Nr.12

KÖNIGSEDER, Angelika (2001):
„Türkische Minderheit in Deutschland"
In: *Information zur politischen Bildung* (2001) Nr.271, S.17-24

KRUMPIPIE, Dorothee (2001):
„Karaoke auf russisch"
In: *Die Tageszeitung Bremen* (Ersch.:26.11.2001), S.24

LEIHS, Nadia (2002a):
„Türken sind optimistisch"
In: *Die Tageszeitung Bremen* (Ersch.:27.02.2002), S.8

LEIHS, Nadia (2002b):
„Die vergessenen Migranten"
In: *Die Tageszeitung Bremen* (Ersch.:29.04.2002), S.14

MEYER, Bernd (2001):
„Dolmetschen im Krankenhaus"
In: *Mitteilungen für Dolmetscher und Übersetzer* (MDÜ)
(2001) Nr. 4-5, S.22-24

MEYER, Bernd (2002):
„Mehrsprachigkeit in deutschen Krankenhäusern"
In: *Mitteilungen für Dolmetscher und Übersetzer* (MDÜ)
(2002) Nr. 1, S. 7-11

MIKKELSON, Holly (1996a):
„Community interpreting: an emerging profession"
In: *Interpreting international journal of research and practice in interpreting* (1996) Vol. 1 (1), S.125-129

MITTEILUNGEN FÜR DOLMETSCHER UND ÜBERSETZER (MDÜ)
(1998): Nr.2
Bundesverband der Dolmetscher und Übersetzer e.V. (BDÜ) (Hrsg.)
Stollberg: Druckwerkstätten Stollberg GmbH

MITTEILUNGEN FÜR DOLMETSCHER UND ÜBERSETZER (MDÜ)
(2001): Nr. 2
Bundesverband der Dolmetscher und Übersetzer e.V. (BDÜ) (Hrsg.)
Stollberg: Druckwerkstätten Stollberg GmbH

MITTEILUNGEN FÜR DOLMETSCHER UND ÜBERSETZER (MDÜ)
(2001): Nr.4-5
Bundesverband der Dolmetscher und Übersetzer e.V. (BDÜ) (Hrsg.)
Stollberg: Druckwerkstätten Stollberg GmbH

MITTEILUNGEN FÜR DOLMETSCHER UND ÜBERSETZER (MDÜ)
(2002): Nr. 1
Bundesverband der Dolmetscher und Übersetzer e.V. (BDÜ) (Hrsg.)
Stollberg: Druckwerkstätten Stollberg GmbH

NAL (2002):
„Unterschreibt er oder nicht?"
In: *Die Tageszeitung Bremen* (Ersch.:25.03.2002), S.1

NIEDERSÄCHISCHES ÄRZTEBLATT (2001): Nr 5
Hannover: Hannoversche Ärzte-Verlags-Union

NITSCHE, Sybille (2002):
„Deutsch lernen - aber wie?"
In: *Berliner Morgenpost* (Ersch.:19.03.2002), S.21

NORD, Christiane (2001):
„Dolmetschen und Übersetzen lernen in Magdeburg..."
In: *Mitteilungen für Dolmetscher und Übersetzer* (MDÜ)
(2001) Nr. 2, S.32-33

PÖCHHACKER, Franz (2002):
„Dolmetschen im Wiener Gesundheitswesen"
In: *Mitteilungen für Dolmetscher und Übersetzer* (MDÜ) (2002) Nr. 1,
S.21-26

SCHEFFER, Thomas (1997):
„Dolmetschen als Darstellungsproblem"
Eine ethnographische Studie zur Rolle der Dolmetscher in Asylanhörungen
In: *Zeitschrift für Soziologie* (1997) Nr.3, S.159-180

SCHREIBER, Ingrid (2001):
„Was ist eigentlich „Community Interpreting"- ein neues Berufsfeld"
In: *Mitteilungen für Dolmetscher und Übersetzer* (MDÜ)
(2001) Nr. 2, S.29-31

SCHWARZ, Patrik;Lukas, WALLRAFF (2002):
„Eiertanz um Zuwanderung"
In: *Die Tageszeitung Bremen* (Ersch.:27.02.2002), S.5

STUPPE, Andrea (2001):
„Zerplatzte Träume"
In: *Der Spiegel* (Ersch.:12.03.2001) Nr.11

VON ARX-WEGNER, Marianne (2001):
„Übersetzen zwischen Sprachen und Welten"
Dolmetscherdienste im Asyl- und Gesundheitswesen
In: *Neue Züricher Zeitung* (Ersch.:03.01.2001)

WALLRAFF, Lukas (2002):
„Ausländerzahl geht zurück"
In: *Die Tageszeitung Bremen* (Ersch.:14.02.2002), S. 7

ZEITSCHRIFT FÜR SOZIOLOGIE (1997):
Jahrgang 26, Nr. 3
Stuttgart: F. Enke Verlag

Broschüren und Sonstiges

FACHKRAFT ARZTPRAXIS (2001):
Ein Lehrgang der Kreisvolkshochschule Hildesheim, Alfeld.
Informationsbroschüre

GONDOS, Maria (ohne Datum):
„'Mit Dolmetschern arbeiten' – Ein Leitfaden für Beratungsgespräche im medizinischen, sozialen, psychologischen und schulischen Bereich"
Herausgegeben vom Ethno-Medizinischen Zentrum Hannover

IHK BERLIN (2002):
„Infoblatt Witschaftsübersetzer/innen und Wirtschaftsdometscher/innen
für die englische/spanische/französische/deutsch Sprache"
Herausgegeben von der Industrie- und Handelskammer zu Berlin

STADT HILDESHEIM (2000):
„Statistische Grunddaten"
Information zur Stadtentwicklung-Jahrgang 2000
Stadtservice, Bereich Statistik und Wahlen (Hrsg.)

Internetdokumente

ARBEITSAMT ONLINE (2001):
„Greencard"
(Ersch.: 2001. Zugriff 28.11.2001)
<http://www.arbeitsamt.de/hst/interntional/greencard.html>

ARIES TSE REPORTS (2001):
„Doktor, sind Sie krank?"
(Ersch.: 2001. Zugriff 06.03.2001)
<http://www.poptel.org.uk/aries/tse-reports/archive/msg00171.html>

AUSTRALIAN DEPT. OF IMMIGRATION AND MULTICULTURAL AFFAIRS (2001a):
„What is TIS?"
(Ersch.: 2001. Zugriff 19.11.2001)
<http://www.immi.gov.au/settlement/TIS.htm>

AUSTRALIAN DEPT. OF IMMIGRATION AND MULTICULTURAL AFFAIRS (2001b):
„Translating and Interpreting"
(Ersch.: 2001. Zugriff 19.11.2001)
<http://www.immi.gov.au/tis/index.html>

AUSWÄRTIGESAMT ONLINE (2001):
„Einreisebestimmungen"
(Ersch.: 2001. Zugriff 10.12.2001)
<http://www.auswaertiges-amt.de/www/de/willkommen/einreisebestimmungen/schengen.>

BAHADIR, Sebnem (2000):
„Von natürlichen Kommunikationskrücken zu professionellen Kommunikationskrücken"
(Ersch.: 2000. Zugriff 13.12.2001)
<http://home.t-online/home/textcontext/teconeu.htm>

BOWEN, Margareta (2000):
„Community Interpreting"
(Ersch.: 10.09.2000. Zugriff 15.10.2001)
<http://www.aiic.net/ViewPage.cfm/page234.htm>

BRITISH FORCES BROADCASTING SERVICE (BFBS) (2001):
„Healthcare in Germany"
(Ersch.: August 2001. Zugriff: 23.11.2001)
<http://www.bfgnet.de>

BUNDESREGIERUNG ONLINE (2001a):
„Herkunftsländer der IT-Spezialisten"
(Ersch.: 12.03.2001. Zugriff 28.11.2001)
<http://text.bundesregierung.de/nurtext/dokumente/
Artikel/ix_28441_1499.htm>

BUNDESREGIERUNG ONLINE (2001b):
„Green Card –aktuelle Zahlen"
(Ersch.: 31.10.2001. Zugriff 28.11.2001)
<http://text.bundesregierung.de/nurtext/dokumente/Artikel/ix_44080_1499.htm?>

BUNDESREGIERUNG ONLINE (2001c):
„Verteilung der Green Card auf die Länder"
(Ersch.: 02.07.2001. Zugriff 28.11.2001)
<http://text.bundesregierung.de/nurtext/dokumente/
Artikel/ix_44294_1499.htm>

BUNDESREGIERUNG ONLINE (2001d):
„Mit 10.000ster Green Card startet Initiative in ihre zweite Reihe"
(Ersch.: 31.10.2001. Zugriff 28.11.2001)
<http://text.bundesregierung.de/nurtext/dokumente/Artikel/ix_61070_1499.htm>

BUNDESREGIERUNG ONLINE (2001e):
„Green Card Verordnung am 1. August 2000 in Kraft getreten"
(Stand 02.02.2001. Zugriff 28.11.2001)
<http://www.bundesregierung.de/frameset/IxContent.jsp?url=/dokumente/.../ix_13771.ht

BUNDESREGIERUNG ONLINE (2001f):
„Entstehung der Verordnung"
(Ersch.:14.07.2000. Zugriff 28.11.2001)
<http://www.bundesregierung.de/dokumente/Artikel/ix_13773.htm

BUNDESREGIERUNG ONLINE (2001g):
„Die wichtigsten Regelungen im Überblick"
(Ersch.:14.07.2000. Zugriff 28.11.2001)
<http://www.bundesregierung.de/dokumente/Artikel/ix_1825.htm?>

BUNDESREGIERUNG ONLINE (2001h):
„Green Card Verordnungen"
(Ersch.:31.05.2000. Zugriff 28.11.2001)
<http://www.bundesregierung.de/dokumente/Artikel/ix_10845.htm?>

BUNDESVERBAND DER DOLMETSCHER und ÜBERSETZER e.V ONLINE SERVICE (1999):
(Ersch.: 2001. Zugriff 28.11.2001)
<http://www.bdue.de>

BÜRO FUER MEDIZINISCHE FLUECHTLINGSHILFE BERLIN (2001):
„Medizinische Behandlungen für Flüchtlinge ohne Papiere"
(Ersch.: 2001. Zugriff 30.10.2001)
<http://www.ffm-berlin.de/deutsch/medibuero.htm>

CENTROS PARA EL CONTROL Y LA PREVENCIÓN DE ENFERMEDADES (CDC)(2001):
„Community Interpreting"
(Ersch.: 2001. Zugriff 14.12.2001)
<http://www.cdc.gov/spanish>

COLLATZ, Jürgen (1999):
„Gesund in eigener Verantwortung"
(Ersch.: August 1999. Zugriff 06.03.2002)
<http://www.dhmd.de/forum-wissenschaft/fachtagung02/ft2abstractcollatz.html>

COMMUNICANDUM ONLINE (1999):
„Community Interpreting"
(Ersch.: 1999. Zugriff 23.11.2001)
<http://www.communicandum.com>

CRITICAL LINK (2001):
„Conference announcements"
(Ersch.: 2001. Zugriff 12.12.2001)
<http://www.criticallink.org/English/about.htm>

DEPARTMENT OF IMMIGRATION & MULTICULTURAL & INDIGENOUS AFFAIRS (2001):
„Interpreting"
(Ersch.: 2001. Zugriff 03.11.2001)
<http://www.immi.gov.au/general/doctor/index.htm>

DIVERSITYRX (2001):
„Community Interpreting"
(Ersch.: 2001. Zugriff 26.10.2001)
<http://diversityrx.org/HTML/DIVRX.htm>

ECOMEDIC (1996):
„Sanitas"
(Ersch.: 1996. Zugriff 23.10.2001)
<http://www.ecomedic.com>

EDEN I&R, INC. ONLINE (2001):
„Translation Services"
(Ersch.: 2001. Zugriff 19.11.2001)
<http://www.edenir.org/services.htm>

ELISABETH KRANKENHAUS RECKLINGHAUSEN GmbH (2000):
„In der Klinik, ohne zu wissen warum"
(Ersch.: 2000. Zugriff 30.10.2001)
<http://www.ekonline.de-mednews/n1204b.htm>

EL MEDICO INTERACTIVO (2001):
„Diario electronico de la sanidad"
(Ersch.: 2001. Zugriff 19.11.2001)
<http://medynet.com/elmedico>
ETHNO-MEDIZINISCHES ZENTRUM HANNOVER e.V. (2000):
(Ersch.: 2000. Zugriff 22.10.2001)
<http://www.dsk.de/rds/23181.htm>

FACHHOCHSCHULE MAGDEBURG-STENDAL (2001):
„Studiengang Fachdolmetschen"
(Ersch.: 2001. Zugriff 12.02.2002)
<http://www.fh-magdeburg.de/fb/fk/index/home_fk.htm>

FEIN, Esther B. (1997):
„Language Barriers Are Hindering Health Care"
(Ersch.:23.11.97. Zugriff 23.11.2001)
<http://www.nytimes.com/info/help/copyright.html>

FOWLER, Yvonne (2001):
„No role plays please-we're British": Devising workshops on working through an interpreter for police, social workers and probation officers.
(Ersch.: 2001. Zugriff 12.12.2001)
<http://www.criticallink.org/English/linkstraining.htm#tr>
GERBICH, Sabine (2001):
„Türkisch-Deutsche Gesundheitsstiftung e.V. Gießen"
(Ersch.: 2001. Zugriff 14.02.2002)
<http://www.trd-online.net/tdgsdeutsch.htm>

GESUNDHEITBERLIN ONLINE (2001):
„Das Modell der niederländischen Dolmetschzentralen"
(Ersch.: 2001. Zugriff 11.12.2001)
<http://www.gesundheitberlin.de/content/aktivitaeten/a_g/migration>

HACKENBROCH, Veronika (2000):
„Anatolischer Bauch"
(Ersch.: 2000. Zugriff 25.10.2001)
<http://www.spiegel.de/spiegel/0,1588,81398,00.html>

HAMERIK Nina, Bodil MARTENSEN (1998):
„Community Interpreter Training Programme in Denmark"
(Ersch.: 2001. Zugriff 12.12.2001)
<http://www.criticallink.org/English/linkstraining.htm#tr>

HANDELSBLATT ONLINE (2001):
„Von der Green Card zum Einwanderungsgesetz"
(Ersch.:05.11.2001. Zugriff 28.11.2001)
<http://www.handelsblatt.com/hbiwwwangebot/fn/relhbi/sfn/buildhbi/cn/GoArt!2000.../0>

INSTITUTE FOR INTERPRETATION AND TRANSLATION STUDIES
STOCKHOLM UNIVERSITY (1997a):
„General guidelines for the education of instructors for the training of community interpreters"
(Ersch.: 1998. Zugriff 12.12.2001)
<http://www.diversityRx.org/HTML/MOIPR1.htm>

INSTITUTE FOR INTERPRETATION AND TRANSLATION STUDIES
STOCKHOLM UNIVERSITY (1997b):
„Non-academic interpreter training"
(Ersch.: 1998. Zugriff 12.12.2001)
<http://www.diversityRx.org/HTML/MOIPR1.htm>

INSTITUTE OF LINGUISTS (2001):
„Diplomas in community languages"
(Ersch.: 2001. Zugriff 19.11.2001)
<http://www.iol.org.uk>

INTERKULTURELLES GESUNDHEITSNETZWERK BERLINONLINE (2001):
„AK Migranten und Gesundheit"
(Ersch.: 2001. Zugriff 06.03.2002)
<http://www.gesundheitberlin.de/content/arbeitskreise/
migration/gesnetz.html >

INTERKULTURELLES GESUNDHEITSZENTRUM FÜR BERLIN (2001a):
„Gesundheitsversorgung von Migranten"
(Ersch.: 2001. Zugriff 30.10.2001)
<http://www.proasyl.de/ht/medizin/fessel6.htm>
INTERKULTURELLES GESUNDHEITSZENTRUM FÜR BERLIN (2001b):
„Gesundheitsproblemen von MigrantInnen"
(Ersch.: 2001. Zugriff 30.10.2001)
<http://www.kreuzberg.de/leitstelle/gsn/schwerpunkte/
migration_info.html>

KRANZ, Christina (2001):
„Community Interpreting-eine Zwischenbilanz"
(Ersch.: Januar 2001. Zugriff 15.10.2001)
<http://www.uni-Saarland.de/verwalt/presse/campus/2001/1/30-zwischenbilanz.html>

LANGUAGE ACQUISITION REASEARCH CENTRE (LARC) (2000):
„Interpreting and Advocacy
(Ersch.: 2000. Zugriff 12.11.2001)
<http://edweb.macarthur.uws.edu.au/larc/publishing/translating/interpre.htm>

LOCKWOOD, Nicola (2000a):
„Welcome to the Babela Website"
(Ersch.: 2000. Zugriff 19.11.2001)
<http://www.babelea.org>

LOCKWOOD, Nicola (2000b):
„What is Babela"
(Ersch.: 2000. Zugriff 19.11.2001)
<http://www.babelea.org/about.html>

LOCKWOOD, Nicola (2000c):
„Community Interpreting"
(Ersch.: 2000. Zugriff 19.11.2001)
<http://www.babelea.org/conference.html>

LONDON BOROUGH OF MERTON ONLINE (2001):
„Community- Translation and Interpreting"
(Ersch.: 2001. Zugriff 19.11.2001)
<http://www.merton.gov.uk/transandinterpreting.html>

MEDICARE ONLINE (2001):
„Community Interpreting"
(Ersch.: 2001. Zugriff 23.11.2001)
<http://www.medicare.gov/>

MEINE STADT (2002):
„Hildesheim"
(Ersch.: 2002. Zugriff 14.02.2002)
<http://www.meinestadt.de/Hildesheim?static=rat_templ.html>

MESTRE GRAU, Cristina (1998):
„"La Interpretación de Enlace "
'Panorama mundial y aproximación al contexto espanol'
(Ersch.: 1998. Zugriff 10.10.2001)
<http://file:///A/CommunityInterpretinginSpanish.htm>
MEYER, Bernd (1997):
„Interpreter-mediated Doctor-Patient Communication
The Performance of non-trained Community Interpreters"
Meyer, Bernd University of Hamburg
(Ersch.: 1998. Zugriff 05.11.2001)
<http://www.criticallink.org/proceedings.htm>

MEYER, Bernd;Kristin BÜHRIG (2001):
„Dolmetschen im Krankenhaus" (DiK); SFB 538
(Ersch.: 2001. Zugriff 30.10.2001)
<http://www.rrz.uni-hamburg.de/sfb538/a2/index.html>

MIKKELSON, Holly (1996b):
„The Professionalization of Community Interpreting"
Paper presented at the 1996 ATA (American Translators Association) conference
(Ersch.: 1998. Zugriff 28.10.2001)
<http://www.acebo.com/papers/profslzn.htm>

MIKKELSON, Holly (1997b):
„Interpreting Is Interpreting — Or Is It?"
(Ersch.: 1997. Zugriff 24.11.2001)
<http://www.acebo.com/papers/interp1.htm>

MONTEREY INSTITUTE OF INTERNATIONAL STUDIES ONLINE (2001):
„The International Interpretation Resource Center (IIRC)
(Ersch.: 2001. Zugriff 13.11.2001)
<http://www.miis.edu./gsti-progs-iircover.html>

MUELLER, Dietmar (2001):
„Green Card: Zehntausender-Grenze überschritten"
(Ersch.: Oktober 2001. Zugriff 28.11.2001)
<http://news.zdnet.de/story/0„t101-s2098413,00.html>

NATIONAL ASSOCIATION OF JUDICIARY INTERPRETERS AND TRANSLATORS (2001):
„Interpreting"
(Ersch.: 2001. Zugriff 20.10.2001)
<http://www.najit.org/>

NEWBY SALINAS; Elizabeth (2001):
„Latino affairs"
(Ersch.: 2001. Zugriff 13.11.2001)
<http://www.state.ia.us/government/dhr/la/index.html>

NEW YORK UNIVERSITY SCHOOL OF MEDICINE (2001):
Center for immigrant health
„medical interpreter training"
(Ersch.: 2001. Zugriff 19.11.2001)
<http://www.med.nyu.edu/cih/language/interpretation.html>

NISKA, Helge (1998):
„Community interpreting in Sweden"
(Ersch.: 1998. Zugriff 13.11.2001)
<http://lisa.tolk.su.se/SA-QUEST.htm>

OZOLINS, Uldis (1991):
„Historical Development of Interpreting and Translating in Australia"
(Ersch.:1991. Zugriff 19.11.2001)
<http://www.languageaustralia-interpretingandtranslating.html>

PHARMACEUTICAL JOURNAL ONLINE VOL 267, No. 7157 (2001):
„Pharmacy launches translation service"
(Ersch.: Juli 2001. Zugriff: 21.10.2001)
<http://www.pharj.com/Editorial/20010721/news/translation.html>

PÖLLBAUER, Sonja (2000):
„Nemma problema alles paletti"
„Community Interpreting aus der Sicht von NGO's"
(Ersch.: 2000. Zugriff: 11.11.2001)
<http://home.t-online/home/textcontext/teconeu.htm>

ROAT, Cynthia, E.;OKAHARA, Linda (1998):
„Survey of twenty three Medical interpreter training programs in the United States and Canada."
(Ersch.: 1998. Zugriff 03.01.2002)
<http://www.xculture.org/training/overview/interpreter/survey.html>

ROY Cynthia et al. (2001):
„The Critical Link: Innovative Theory and Practice for Educating Interpreters"
(Ersch.: 2001. Zugriff 12.12.2001)
<http://www.criticallink.org>

SANDERS, Marsha (2000):
„As Good as Your Word"
(Ersch.: Dezember 2000. Zugriff 06.11.2001)
<http://www.maternityalliance.co.uk>

SOS-RASSISMUS-ZIVILCOURAGE e.V (2001):
„Warum wird migrationsspezifische Gesundheitspolitik gebraucht?"
(Ersch.: 2001. Zugriff 06.03.2002)
<http://home.t-online.de/home/sos-rassismus.ffm/gesund.htm>

SPIEGEL ONLINE (2001a):
„Gerhard Schröder nennt Basis..."
(Ersch.: 20.03.2000 Zugriff 12.11.2001)
<http://www.spiegel.de/spiegel/0,1518,69496,00.html>

SPIEGEL ONLINE (2001b):
„Keine Operation bei „Nix Verstehen"?"
(Ersch.: 2001. Zugriff 23.11.2001)
<http://wwwspiegel.de/spiegel/0,1518,122959,00.html>

SPRACHEXPRESS ONLINE (2001):
„Sprachxpress Telefondolmetscherdienst"
(Ersch.: 2001 Zugriff 14.10.2001)
<http://www.sprachexpress.de>

SPD-FRAKTION-GELSENKIRCHEN ONLINE(2001):
„Sprachkurse für nicht deutsch sprechende Mütter gestrichen"
(Ersch.: 2001. Zugriff 30.11.2001)
<http://www.spdfraktion-ge.de/PM/2001/056.htm>

STADT KÖLN ONLINE(2001):
„Hilfe zur Arbeit"
(Ersch.: 2001. Zugriff 30.11.2001)
<http://www.stadt-koeln.de>

STÄDTISCHES KRANKENHAUS HILDESHEIM GmbH (2002):
(Ersch.: 2002. Zugriff 23.02.2002)
<http://www.stk-hildesheim.de>

STÄMM, Gisa (2001):
„Von Albanisch bis Vietnamesisch"
(Ersch.: 11.10.2001. Zugriff 22.12.2001)
<http://www.klinikum-kassel.de/aktuell/presse/dolmetscher.html>

STATISTISCHES BUNDESAMT ONLINE (2001a):
„Asylsuchende"
(Ersch.: 2001. Zugriff 10.12.2001)
<http://www.auslaender-statistik.de/bund/asyl_1.htm>

STATISTISCHES BUNDESAMT ONLINE (2001b):
„Flüchtlinge"
(Ersch.: 2001. Zugriff 10.12.2001)
<http://www.auslaender-statistik.de/bund/fluech _2.htm>

STATISTISCHES BUNDESAMT ONLINE (2001c):
„Gastarbeiter"
(Ersch.: 2001. Zugriff 10.12.2001)
<http://www.auslaender-statistik.de/bund/gast_1.htm>

STATISTISCHES BUNDESAMT ONLINE (2001d):
„Herkunftsländer"
(Ersch.: 2001. Zugriff 10.12.2001)
<http://www.auslaender-statistik.de/bund/herkun _2.htm>

STATISTISCHES BUNDESAMT ONLINE (2001e):
„Ausländer"
(Ersch.: 2001. Zugriff 10.12.2001)
<http://www.auslaender-statistik.de/bund/ausl_1.htm>

ST. BERNWARD KRANKENHAUS HILDESHEIM (2002):
(Ersch.: 2002 Zugriff 12.02.2002)
<http://www.bernward-khs.de/hp_ie.htm?http://www.berward-khs.de/links.htm>

STOCKHOLMS UNIVERSITET (2002):
„Critical Link 4-Interpreting in the community international conference"
(Ersch.: 13.02.2002. Zugriff 02.03.2002)
<http://www.tolk.su.se/CL20004/>

ST. JEROME PUBLISHING (2001):
„Publication Details"
(Ersch.: 2001. Zugriff 19.11.2001)
<http://www.stjerome.co.uk/journal.htm>

STUTTGARTER AKADEMIE FÜR TIEFENPSYCHOLOGIE UND ANAL. PSYCHOTHE-
RAPIE e.V. (2001):
„Analytische Psychotherapie für traumatisierte Flüchtlinge"
(Ersch.: 2001. Zugriff 06.12.2001)
<http://www.obleser.de/institut/ak-trauma/index.html>

TAZ ONLINE (2001):
„Sonderforschunsgbereich Mehrsprachigkeit"
(Ersch.: 06.01 2001. Zugriff 12.10.2001)
<http://www.taz.de/pt/2001/01/06/ao299.nt/text.name,askwpkque.n,3>

TECHNISCHE UNIVERSITÄT BERLIN ONLINE (1997):
"Hertha Nathorff-Preis der Berliner Ärztekammer"
(Ersch.: 10.04.1997. Zugriff 13.03.2002)
<http://www.tu-berlin.de/presse/pi/1997/pi72.htm>

UNIVERSITÄT BERN ONLINE (2001):
"Universitäres Forschungszentrum für Mehrsprachigkeit (UFM) –Institut für Sprachwissenschaft"
(Ersch.: 2001. Zugriff 23.11.2001)
<http://www.isw.unibe.ch/ufm/>

UNIVERSITÄT DER SAARLANDES (2001):
"T & I Portfolios"
(Ersch.: 2001. Zugriff 13.11.2001)
<http://www.ti-portfolios.de/communityinterpretingmaerz02.htm>

UNIVERSITÄTSKLINIKUM FRANKFURT AM MAIN ONLINE (2001):
"Pilotprojekt Dolmetscher-Pool, Keine Verständigungsprobleme mehr"
(Ersch.: 2001. Zugriff 22.12.2001)
<http://www.klinik.uni-frankfurt.de/de/KlinikAktuell/default.asp?P>

UNIVERSITY OF IOWA HEALTH CARE (2001):
"Interpretation and Translation"
(Ersch.:2001. Zugriff 19.11.2001)
<http://www.uihealthcare.com/depts/socialservice/department/services/interpretersvcs.html>

WEST THAMES ONLINE (2001):
"Community interpreting"
(Ersch.: 2001. Zugriff 29.10.2001)
<http://www.westthames.ac.uk>

Y GAMAL; Muhammad (2001):
"Teaching interpreting at a technical college: The Granville experience"
(Ersch.: 2001. Zugriff 12.12.2001)
<http://www.criticallink.org/English/linkstraining.htm#tr>

ZD NET.DE NEWS (2001):
"Green Card: Zehntausender-Grenze überschritten"
(Ersch.: 31.10.2001. Zugriff 18.12.2001)
<http://news.zdnet.de/story/0,,t101-s2098413,00.html>

Anhang 1: Untersuchungsbericht *Hospital Central de Asturias*

[Handwritten medical report form from Hospital Central de Asturias]

Hospital Central de Asturias

N.º Historia: 2183181 - UHC (Prov.) 28/10/1
SLAPP X, ASHLEY
19 Años Hombre
F. U.:23/11/1998
Control Urgencias:

Datos de interés de la Historia y exploración Peso: Talla: T.A.: Temperatura:

MC) Traumatismo pie derecho

AP) ALERGIA A AAS y PARACETAMOL. No enfermedades importantes ni tto.

EA) Hiperextensión dedos pie derecho accidental, con dolor a nivel de cabeza 2º metta. No hematoma, ni parestesias. Vascularización conservada. Dolor a la movilización.

Estudios complementarios:

Rx: Esuura cabeza 2º metatarsiano pie derecho.

Impresión diagnóstica:

Los previos

Tratamiento:

- Inmovilización de los 2 primeros dedos pie derecho.
- Reposo relativo con el pie en alto durante 2 días.
- Apoyo progresivo según tolerancia, comenzando a caminar apoyando el talón.
- En caso de molestias o dolor, acudir a su médico de atención primaria.

Dr. ___

Pasa a control:
Consulta externa de _____ Médico de A.p
Traslado a _____

INFORME DEL AREA DE URGENCIAS

Anhang 2: E-Mail-Korrespondenz mit Helen Tebble

E-Mail-Anschreiben an H. Tebble:

Dear Ms Tebble,

My name is Ashley Marc Slapp and I'm studying Internationale Fachkommunikation (Technical Translation) at the University of Hildesheim, Germany. At the moment I'm writing my degree dissertation on the subject of "Medical Community Interpreting in Germany" with a specific study of the situation here in Hildesheim. As part of my work I also wish to show the current situation relating to Medical Community Interpreting in other countries around the world, e.g. Australia, USA, Sweden.
To achieve this aim I need further information and would be very grateful, if you have the time and interest, for any current information regarding this area of interpreting in your country or state. If this is possible please send information to my e-mail address.

Thank you for reading this mail.

Ashley Marc Slapp

Antwort H. Tebble:

Hello Ashley Marc,

I've just finished answering something similar from a student in BOLOGNA. I suggest you check the NLLIA web site for refs.
Language Australia Publications
GPO BOX 372F
MELBOURNE VIC. 3001
AUSTRALIA
I wrote to the Bologna student:
Several research papers I have heard at conferences on languages other than English deal with UN-QUALIFIED / UNACCREDITED interpreters which we have little interest in because it is not always legal in Australia to use such people for medical practice. There is the NAATI website National Accreditation Authority for Translators ans Interpreters. The AUSIT website Australian Institute for Interpreters & Translators
Dr Uldis Ozolins (languagesolutions@??) he lives in Fairfield in Melbourne.
He is the main author on the profession of interpreting & translating.
My speciality is in medical interpreting research.
Look up his publications especially via Language Australia.
Main thing NAATI accredits Interpreters & Translators.
There are levels check those.
No interpreter should be doing medical interpreting without accreditation at the Professional level. Exceptions are for rare languages. Deakin University in economic irrationalisation closed down the famous I/T courses. Most public hospitals have policies that state that qualified interpreters must be used for obtaining consent from patients. In 1999 and 2000 all 1st year interns in the Southern Health Car Network a cluster of Hospitals in the South East of Melbourne were required to be trained by me in hoe to work effectively with medical interpreters face to face and via the great telephone interpreting service. I gave a paper on this at the Montreal Critical Link Conference this year. Dr Ozolins will tell you about Government Policy and the Interpreter Card which enables any non-English speaker to have free access to an accredited interpreter to obtain service from any Govt institution. Hospitals have patients language needs on record.

Many public hospitals have interpreter Departments, they hire in on a casual basis from I/T agencies or Govt Depts CHIS, VITS (Vic Govt Co) for a consultation or day.
When we go overseas we groan at how the rest of the world is so far behind what we have. Sweden has a fairly good system. But economic rationalism and Govt policy cahnges have left our great system decline in parts. Especially the training and education of interpreters. I will have a lot to offer soon on the education of med. Interpreters as a result of my research.

Notes in haste.
Good Luck

Helen Tebble PhD
Linguistics Co-Ordinator
Faculty of Arts
Deakin University

Anhang 3: Gespräch mit Asyl e.V. in Hildesheim

Interview mit Herrn Wedekind, Hildesheimer Asyl e.V. vom 06.11.2001

Welche Aufgaben hat das Asyl e.V.?
Seit 1986 bietet das Asyl e.V. für Asylsuchende Beratungen an. Zuerst war das Asyl e.V. ehrenamtlich tätig aber seit 1990 sind die Mitarbeiter festangestellt. 1990 gab es in Niedersachsen ca. 100 Stellen aber zurzeit gibt es leider nur 32. Wir bieten Asylsuchende und Bürgerkriegsflüchtlinge soziale Hilfestellung, berufliche Qualifizierungskurse, Deutschkurse und die Möglichkeit zum Einstieg in den Arbeitsmarkt an.

Welche Menschen nutzen das Asyl e.V.?
Asylsuchende und Bürgerkriegsflüchtlinge.

Wie viele verschiedene Nationalitäten betreuen Sie ungefähr zurzeit?
Zurzeit wohnen ca. 130 verschiedene Nationalitäten in Hildesheim, ca. 50-60 verschiedene Nationalitäten benutzen das Asyl e.V. hier in der Lessing Straße. Sie kommen hauptsächlich aus Vietnam, verschiedene afrikanische Länder, Ex-Jugoslawien und Länder der ehemaligen Sowjet Union.

Woher kommt die zurzeit größte Asylbewerbergruppe in Hildesheim?
Sie sind Kurden aus dem Irak, Iran und der Türkei. Afghanen und Menschen aus Ost-Europa.

Wie viele verschiedene Sprachgruppierungen befinden sich unter Ihren Klienten?
Kann man nicht genau sagen, da viele Menschen aus Afrika Dialekte sprechen aber französisch oder englisch Kenntnisse besitzen. Aber viele verschiedene Sprachen werden gesprochen, ja ziemlich viele.

Wie kommunizieren Sie mit den Asylsuchenden?
Ich spreche Deutsch und Englisch, aber es kann zum teil sehr problematisch werden, wenn die Asylbewerber oder Flüchtlinge kein Deutsch und kein Englisch sprechen oder nur sehr geringfügige Kenntnisse haben. Man muss verstehen die Menschen aus ländlichen Gegenden haben oft keine Schulausbildung genossen und besitzen oft sogar schlechte muttersprachliche Sprachkenntnisse. Das Asyl e.V. verfügt über einer Liste mit Namen von Personen, die Dolmetschtätigkeiten übernehmen können. Diese Personen sind keine ausgebildeten Dolmetscher. Sie sind zum größten Teil selber Ex-Asylsuchende, die in der Vergangenheit andere Menschen bei Sprachschwierigkeiten geholfen haben und von dem Asyl e.V. daraufhin angesprochen wurden. Zum größten Teil werden Sprachprobleme mit der Hilfe von Verwandten, Freunde oder andere Heimbewohner gelöst.

Wie sind diese Menschen rechtlich krankenversichert?
Sie sind vom Sozialamt durch das Asylbewerber Leistungsgesetz Krankenversichert (1993). Die Bundesregierung führte 1993 dieses Gesetz ein, um die Zahl „unberechtigte Asylsuchende" einzuschränken, da die Zahlen ab 1990 stark gestiegen waren. Die Krankenversicherung ist unterhalb des Sozialniveaus und darf nur bei Notfällen im Anspruch genommen werden und das Sozialamt entscheidet letztendlich ob ein Notfall vorliegt.

Können die Flüchtlinge jeden Arzt in Hildesheim besuchen?
Ja, die Asylbewerber können jeden Arzt in Hildesheim besuchen. Von dem Sozialamt bekommen sie einen Krankenschein und dürfen in einem Zeitraum von 3 Monaten nur den Arzt, den sie selber ausgesucht haben, besuchen, keinen anderen. Der Allgemeinarzt wird sie dann an einen Facharzt überweisen, falls dies nötig sei. Nach diesen 3 Monaten können die Asylsuchende den Arzt wechseln, wenn sie wollen.

Werden die Flüchtlinge ihrer Meinung nach genauso behandelt wie Muttersprachler?
Nein, die Ärzte und Arzthelferinnen benutzen oft unkorrektes Deutsch, z.B. Verben werden nicht konjugiert und Artikeln weggelassen es wird oft sehr laut gesprochen. Dadurch bekommt man gleich das Gefühl, dass sie irgendwie anders behandelt werden. Private Fragen werden gestellt, die einem deutschen Muttersprachler vermutlich nicht gestellt werden, z.B. „Sie arbeiten nicht aber tragen trotzdem eine teuere Uhr, woher kommt das?" Aber ich

glaube viele Fragen werden nur aus Neugier gestellt ohne böswillige Absichten. Die Situation kann sehr problematisch werden, wenn die Sprachbarrieren sehr groß sind und viele Behandlungen sind zum Teil ohne einen Dolmetscher überhaupt nicht möglich.

Wie werden die Sprachbarrieren bei medizinischen Behandlungen überwunden?
Ohne Dolmetscher zum Teil überhaupt nicht.

Werden Dolmetscher/Sprachmittler überhaupt eingesetzt?
Professionelle nicht.

Wer dolmetscht in nicht vorhersehbaren Fällen (z.B. Notfälle)?
Wer da ist und die Sprachen beherrscht sonst hat der Patient Pech, wenn er nicht verstanden wird. In Notfällen werden die Ärzte das unternehmen was sie für richtig halten, mit oder ohne Absprache mit dem Patient.

Werden oft Freunde, Verwandte, Kinder für Dolmetschtätigkeiten eingesetzt?
Fast immer werden diese Menschen für medizinische Dolmetschtätigkeiten eingesetzt, da es keine gesetzlichen Maßnahmen in diesem Bereich gibt. Nur bei den „Bundesämter für die Anerkennung ausländische Flüchtlinge" und vor den deutschen Gerichten werden Dolmetscher vom Staat bezahlt und eingesetzt. Aber auch diese Dolmetscher müssen keine Ausbildung in diesem Berufszweig nachweisen. Jeder, der Meinung ist er kann diesen Beruf ausüben, kann sich bewerben und wird dann geprüft ob er in der Lage ist zu Dolmetschen. Dolmetscher im medizinischen Bereich werden nicht bezahlt und müssen überhaupt keine Fachkenntnisse vorweisen. Kinder können auch eingesetzt werden, ja es gibt hier keine gesetzlichen Regelungen.

Werden nur Dolmetscherinnen für Frauen bzw. nur Dolmetscher für Männer eingesetzt?
Im medizinischen Bereich, nein. Vor den Bundesämter für die Anerkennung ausländische Flüchtlinge und vor den Gerichten, ja.

Bekommen die Dolmetscher im medizinischen Bereich ein Entgelt?
Nein.

Haben sie über die Folgen nicht-professionell eingesetzter Dolmetscher nachgedacht?
Nein, bei dem Asyl e.V. sind die Dolmetscher bekannt und man versucht durch die Fragestellung Probleme zu vermeiden, die durch fehlende Fachkenntnisse entstehen könnten. Die Dolmetscher nützen ihre eigenen Erfahrungen in der Dolmetschsituation.
Ein nicht-professioneller Dolmetscher erwähnte mal zu mir, dass er nicht immer alles übersetzen werde, da vieles unwichtig sei. Er sagte, man müsse sich selbst in dem Gespräch oft einmischen, um die wichtigsten Sachen herauszufinden, z.B. immer wieder nachfragen und Passagen weglassen.

Haben die Dolmetscher Ihrer Meinung nach genügend Sprach- und Sachkenntnisse?
Nicht unbedingt, die Dolmetscher sind meist Muttersprachler der Minderheitssprache und beherrschen die deutsche Sprache nicht immer hundertprozentig.

Wenn keine Dolmetscher für eine bestimmte Sprache vorhanden ist, wird dann versucht auf eine *Lingua Franca* z.B. Englisch zurückzugreifen?
In der Not, ja, aber diese Möglichkeit ist nicht immer vorhanden, da die Asylsuchende nicht immer genügend englisch Kenntnisse besitzen.

Sind die Dolmetscher neutral?
Normalerweise, ja, aber es kann vorkommen, dass die Dolmetscher unneutral werden wenn sie Freunde oder Verwandten der Hilfesuchenden sind.

Wie kommen die Ausländer mit der Arzt/ Patient/ Dolmetscher-Situation zu Recht?

Die Situation ist sehr unangenehm für sie und sehr gezwungen. Ich glaube sie haben hat ein komisches Gefühl aber sie werden behandelt und das ist die Hauptsache.

Wie kommen sie mit der kulturellen Situation zurecht?
Keine Ahnung.

Wie werden die Ärzte auf diese Situation vorbereitet?
Die Ärzte werden überhaupt nicht auf diese Situation vorbereitet und haben zum Teil erhebliche Probleme damit.

Haben die Asylsuchenden das Recht, einen Dolmetscher beim Arzt zu verlangen?
Nein, entweder bringt man einen mit oder man hat Pech.

Anhang 4: Broschüre *Fachkraft Arztpraxis*

Fachkraft Arztpraxis (VHS)

Das Tätigkeitsprofil einer Arzthelferin hat sich im Laufe der letzten Jahre insbesondere durch die Neuordnung im Gesundheitswesen stark verändert. Die strukturellen Veränderungen zeigen immer deutlicher ihre Auswirkungen auf die einzelnen Arztpraxen. Es entstehen neue Praxisprofile und somit neue Anforderungen an die Arzthelferin, die sie ohne Qualifizierung kaum bewältigen kann.

Der Lehrgang

"Fachkraft Arztpraxis" ist ein flexibles Modulsystem der Weiterqualifizierung.
Die Module können unabhängig voneinander besucht werden. Jedes Modul (40 UStd.) schließt mit einer schriftlichen Prüfung (60 Min.) ab. Das Einzelzeugnis wird von der Akademie für ärztliche Fortbildung der Ärztekammer Hannover gemeinsam mit dem Landesverband der Volkshochschulen ausgestellt.

[Modul-Diagramm: Abrechnung 40 UStd. | Praxisorganisation 40 UStd. | Praxismarketing 40 UStd. | Patientenorientierung und Gesundheitsförderung 40 UStd. | Ausbildung in der Arztpraxis 40 UStd. | EDV in der Arztpraxis 60 UStd.]

Für das Gesamtzertifikat "Fachkraft Arztpraxis" (VHS) des Landesverbandes der Volkshochschulen müssen die Module "Abrechnung", "Praxisorganisation", "Praxismarketing", "Ausbildung in der Arztpraxis" und "Patientenorientierung und Gesundheitsförderung" erfolgreich abgeschlossen sein.

Die Zielgruppen

Arzthelferinnen, die sich weiterqualifizieren wollen, in Ausnahmefällen auch Berufsrückkehrerinnen, die ihre Wiedereinstiegschancen verbessern wollen.

Inhalte der Module

1. **Abrechnung**
   - EBM und GOÄ
   - Abrechnung nach Unfallversicherungsträger (BG)
   - Pflegeversicherung
   - Schutzimpfungen, Formularwesen
   - Budgets und Richtgrößen

2. **Praxismarketing**
   - Entwicklung einer Praxiskultur
   - Gestaltung von Informationsmedien für die Praxis
   - Organisation von Patientenseminaren

3. **Ausbildung in der Arztpraxis**
   - Grundlagen der Ausbildung als Arzthelferin
   - Ausbildungsplanung, Prüfungsvorbereitung
   - Einflüsse auf die Ausbildung und Interventionsstrategien

4. **Praxisorganisation**
   - Organisationstechnik in der Arztpraxis
   - Personalmanagement
   - Rechtsfragen
   - Arbeitsschutz
   - Erste-Hilfe-Maßnahmen

5. **Patientenorientierung und Gesundheitsförderung**
   - Umgang mit spezifischen Patientengruppen
   - Sozialberatung von Patienten
   - Maßnahmen der Gesundheitsförderung

6. **EDV in der Arztpraxis**
   - Hard- und Software eines PCs
   - Einführung in Windows 95
   - Praxisverwaltung am PC
   - Textverarbeitung

Weitere Informationen erhalten Sie bei Ihrer Volkshochschule/Kreisvolkshochschule

Oder bei der

Prüfungszentrale Hannover
Landesverband der Volkshochschulen Niedersachsen e.V.
Postfach 3720
30037 Hannover

Tel: 0511/34 84 12 2
Fax: 0511/34 84 14 3

e-mail: kontakt@pz-hannover.de
www.pz-hannover.de

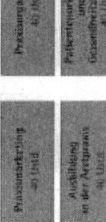

Anmeldung
Bitte vollständig und lesbar ausfüllen und an die umseitige Adresse schicken!

Name, Vorname

Straße/Postfach

PLZ/Ort

Telefon privat   dienstlich/tagsüber

Kurstitel

Kursnummer

Die zur Bearbeitung erforderlichen Angaben werden unter Beachtung der Datenschutzbestimmungen gespeichert.

Datum   Unterschrift

Anhang 5: Leitfaden des EMZH

MIT DOLMETSCHERN ARBEITEN

Ein Leitfaden

für Beratungsgespräche im medizinischen, sozialen, psychologischen und schulischen Bereich

Menschen, die sich verständigen wollen und keine gemeinsame Sprache sprechen, brauchen einen Dolmetscher.......

......aber ein gedolmetschtes Gespräch ist nicht immer ganz unproblematisch.

Ziel dieses Faltblattes ist es, Ihnen Tipps zu geben, wie Sie Ihre Zusammenarbeit mit dem Dolmetscher optimieren können.

...rsetzung nicht niederschlagen, auch wenn der D..metscher den Dialekt gut versteht. Versuchen Sie daher, Freundlichkeit und "Informalität" auf andere Weise auszudrücken.

⋄ Sprechen Sie mit dem Klienten wie mit einem deutschen Laien, der auf Ihrem Gebiet nicht bewandert ist. (Es sei denn, Sie wissen, daß Sie einen Spezialisten vor sich haben.) Ermuntern Sie ihn, nachzufragen, wenn er etwas nicht versteht.

⋄ Sprechen Sie in kurzen und einfachen Sätzen. Wenn Sie sich auf ein Dolmetschen Satz für Satz geeinigt haben, geben Sie dem Dolmetscher jeweils Zeit zum Übersetzen. Dies kann etwas Übung erfordern, da die meisten Menschen es nicht gewohnt sind, ihre Äußerungen so zu zerstückeln.

⋄ Versuchen Sie etwaige Kenntnisse der fremden Sprache, die Sie besitzen, in dieser Situation möglichst zu vergessen. Ein Sprachengemisch ist für den Dolmetscher verwirrend, da er nie ganz sicher sein kann, ob Sie wirklich das meinen, was Sie sagen. Versuchen Sie auch, den Klienten davon abzubringen, (schlechtes) Deutsch zu reden. (Wenn er gut deutsch spricht, brauchen Sie keinen Dolmetscher.)

Nach dem Gespräch

Es lohnt sich, das Gespräch im Anschluß kurz mit dem Dolmetscher durchzusprechen, um aufgetretene Schwierigkeiten beim nächsten Mal zu vermeiden.

Geben Sie dem Dolmetscher Gelegenheit, Gefühle, die während des Gesprächs aufgetaucht sind, anzusprechen.

ETHNO-MEDIZINISCHES ZENTRUM HANNOVER e.V.

Ethno-Medizinisches Zentrum
Egestorffstraße 2   Tel. 05 11 / 44 76 53 - 54
3000 Hannover 91   Fax 05 11 / 45 72 15

Text: Maria Gondek, Stuttgart

⋄ Greifen Sie auf Körpersprache zurück, um einen gewissen Ausgleich für die fehlende gemeinsame Sprache zu schaffen.

- Zögern Sie nicht, zu lächeln oder zu zeigen, daß Sie Ihr Gegenüber akzeptieren.
- Sprechen Sie nicht lauter als sonst.
- Halten Sie Blickkontakt mit dem Klienten, wenn dies auch in seiner Kultur üblich ist.

⋄ Teilen Sie dem Klienten mit, daß alles, was Sie beide sagen, übersetzt wird, und daß das Gespräch vertraulich behandelt wird.

⋄ Sollte es im Laufe des Gesprächs nötig sein, etwas mit dem Dolmetscher zu klären, setzen Sie den Klienten davon in Kenntnis, damit er weiß, daß Sie nicht über ihn reden.

⋄ Lassen Sie keine Gespräche zwischen Klient und Dolmetscher zu, die Ihnen nicht erklärt werden. Es ist Ihr Gespräch und Sie müssen immer wissen, was gesprochen wird.

⋄ Falls es doch dazu kommen sollte, schreiten Sie sofort ein und übernehmen Sie wieder die Gesprächsführung.

⋄ Die Versuchung kann groß sein, die Übermittlung schwieriger bzw. unangenehmer Botschaften oder schlechter Nachrichten ganz dem Dolmetscher zu überlassen. Der Dolmetscher ist jedoch nur dafür da, im einzelnen zu übersetzen, was Sie gesagt haben.

Mögliche Stolpersteine

⋄ Vermeiden Sie es nach Möglichkeit, das Gespräch durch Humor aufzulockern. Humor ist sehr schwer zu übersetzen, und auch wenn die Wörter übersetzt werden können, ist fast nie Wirkung in der anderen Sprache nicht unbedingt dieselbe. Vermeiden Sie auch politische Anspielungen aller Art.

⋄ Bitte verwenden Sie auch keine Dialektausdrücke. Dialekt hat zwar oft die Funktion einer freundlichen Geste, um einen steifen, formalen Ton zu vermeiden, und wird von denen, die ihn verstehen, als solches geschätzt. Dies kann sich allerdings in der

Die Auswahl des Dolmetschers

◦ Von Notfällen abgesehen, sollten Sie nicht auf ein Familienmitglied, einen Freund oder Nachbarn des Klienten zurückgreifen. Beide Sprachen zu beherrschen, heißt noch nicht, dolmetschen zu können. Außerdem kann die persönliche Beziehung zum Klienten es dem Betreffenden erschweren, das Gesagte genau wiederzugeben und objektiv zu bleiben. Umgekehrt kann die Anwesenheit eines Verwandten oder Bekannten den Klienten davon abhalten, offen zu sprechen.

◦ Berufsdolmetscher unterliegen der Schweigepflicht und kennen die ethischen Grundsätze: alles zu übersetzen, was gesagt wird, und zwar unparteilich und ohne Zusätze oder Kommentare. Sie sind außerdem verpflichtet, Aufträge abzulehnen, für die sie nicht qualifiziert sind.

◦ Sie sollten mit einem Dolmetscher arbeiten, dem Sie vertrauen. Wenn möglich, wenden Sie sich an einen Dolmetscherdienst, der gewährleistet, daß der Dolmetscher für Ihr Fachgebiet ausgebildet ist.

◦ Wenn möglich, fordern Sie bei zukünftigen Gesprächen den selben Dolmetscher an. So kann sich eine gute Zusammenarbeit entwickeln.

Vor dem Gespräch

◦ Legen Sie das Gesprächstermin so fest, daß Sie vorher genügend Zeit haben, dem Dolmetscher zu erklären, was Sie im Gespräch erreichen wollen. Auch der Dolmetscher sollte Gelegenheit haben, eventuell vorab ein paar Worte mit dem Klienten zu wechseln.

◦ Vergewissern Sie sich, daß Sie den Namen des Klienten richtig aussprechen. Etwaige Fehler können sich negativ auf das Gespräch auswirken.

◦ Legen Sie vor dem Gespräch gemeinsam mit dem Dolmetscher fest, wie gedolmetscht werden soll (simultan, Satz für Satz oder konsekutiv)

voraus, *daß Sie sich daran gewöhnen können, dem Dolmetscher zuzuhören, ohne ihn anzusehen.* Sie ist ganz besonders zu empfehlen bei emotionsbeladenen Gesprächen, bei denen Sie und/oder der Klient in Versuchung kommen könnten, den Dolmetscher als Schutzschild oder Ventil zu mißbrauchen, anstatt *miteinander* ins Gespräch zu kommen.

◦ Lassen Sie sich vom Dolmetscher Informationen über den kulturellen Hintergrund des Klienten geben, die *für den Inhalt des Gespräches* wichtig sein könnten.

◦ Der Dolmetscher übernimmt nur bedingt Aufgaben, die er ohne Ihr Beisein erledigt (etwa, mit einem Klienten ein Formular auszufüllen). Besprechen Sie Ihre Wünsche daher bitte vorab mit ihm, damit solche Punkte nicht während des Gesprächs in Anwesenheit des Klienten geklärt werden müssen.

Sitzordnung

Da die Sitzordnung einen entscheidenden Einfluß auf das Gespräch hat, lohnt es sich verschiedene Möglichkeiten durchzuspielen, um die jeweils geeignetste Sitzordnung für Ihre Gespräche herauszufinden.

◦ Die meist bevorzugte Sitzordnung - im gleichschenkligen Dreieck - hat zwar den Vorteil, daß sich alle drei Beteiligten gut sehen können. Sie verleitet allerdings die Gesprächspartner dazu, Gesprächspartner zu behandeln und das Gespräch an ihn zu richten, oder sogar ihm vieles zu delegieren, anstatt ihn bloß als "Sprachrohr" zu benutzen. Die eigentlichen Gesprächspartner werden in diesem Fall kaum das Gefühl entwickeln können, *miteinander* im Gespräch zu sein.

◦ Wenn Sie und Ihr Klient einander gegenüber sitzen während der Dolmetscher neben und etwas hinter Ihnen sitzt, unterstreicht dies Ihren Wunsch mit Ihrem Gegenüber zu sprechen und ihn als Person ernst zu nehmen. Ferner betont diese Sitzordnung, daß der Dolmetscher eine Hilfskraft und kein Hauptbeteiligter im Gespräch ist. Weil Dolmetscher und Klient sich gut sehen können, ist der Dolmetscher in der Lage auch die Körpersprache seines Gegenübers zu beobachten und in die Übersetzung einzubeziehen. Der Klient braucht sich nicht umzudrehen, um den Dolmetscher anzusprechen. *Diese Sitzordnung setzt jedoch*

Während des Gesprächs

◦ Stellen Sie zu Beginn des Gesprächs alle Beteiligten in ihrer jeweiligen Funktion vor.

◦ Denken Sie bitte daran, daß es in *Ihr* Gespräch mit dem Klienten ist, nicht das des Dolmetschers. Es sollte dem Klienten immer ganz eindeutig sein, daß Sie sein Gesprächspartner sind.

◦ Die Hauptaufgabe des Dolmetschers ist es, die Kommunikation zwischen Ihnen und dem Klienten herzustellen und aufrechtzuerhalten. Eine Intervention von seiner Seite ist nur dann angebracht, wenn es gilt, eine eventuell blockierte Kommunikation wieder in Gang zu bringen.

◦ Der Dolmetscher muß alles übersetzen, was gesagt wird, ohne eigene Zusätze und ohne etwas herauszufiltern und zwar, soweit möglich, auf dem gleichen Sprachniveau und mit der selben emotionalen Färbung. (Sie können allerdings mit dem Dolmetscher vorher Ausnahmen von dieser Regel vereinbaren.)

◦ Es ist nicht die Aufgabe des Dolmetschers, Fachbegriffe zu erklären. Er übersetzt Ihre Erklärungen.

Das Gespräch selbst:

◦ Reden Sie den Klienten an, nicht den Dolmetscher. D.h., verwenden Sie die direkte Rede (und nicht: "Sagen Sie ihm/ihr, daß ..."). Fordern Sie den Klienten auf, es auch so zu halten.

119

Anhang 6: Interviewleitfaden *Praxisbericht Hildesheim*

Allgemeine Angaben zur interviewten Person

- Männlich / Weiblich, Alter und Nationalität
- Welche Tätigkeit üben Sie im gesundheitlichen Bereich aus?
- Seit wann sind Sie im gesundheitlichen Bereich tätig?
- Mit wie vielen Patienten haben Sie im Durchschnitt pro Woche zu tun?
- Wie viele von diesen Patienten sind Ausländer bzw. Spätaussiedler?

Sprachliche Probleme im Kontakt mit nicht deutschsprachigen Patienten

- Wie viele Patienten behandeln Sie im Durchschnitt pro Woche, die sich nur schwer oder gar nicht auf Deutsch verständigen können?
- Wie verständigen Sie sich mit den nichtdeutschsprachigen Patienten?
- Über welche Fremdsprachenkenntnisse verfügen Sie, um eventuellen Problemen entgegenzuwirken zu können?
- Haben Sie Probleme bei der Verständigung mit Ausländern? Wenn ja, welche?
- Treten auch zum Teil kulturelle Probleme in diesen Situationen auf? Wenn ja, welche?
- Sind Sie in der Regel zufrieden mit der Kommunikation, die Sie mit ausländischen Patienten bzw. nichtdeutschsprachigen Patienten führen? Ist die Kommunikation erfolgreich?
- Sind Ihrer Meinung nach die Gespräche mit nichtdeutschsprachigen Patienten genauso erfolgreich wie die mit deutschen Patienten?
- Sind Ihrer Meinung/Erfahrung nach schon einmal Schwierigkeiten auf Grund sprachlicher Mängel aufgetreten? Wenn ja: wie sahen diese Schwierigkeiten aus?
- Gab es eventuell sogar eine Situation, in der Sie einem Patienten nicht helfen konnten, da sie sich nicht verständigen konnten?
- Haben Sie festgestellt, dass Sie Gespräche mit Ausländern anders führen als beispielsweise mit deutschen Patienten? Wird die Kommunikation durch fehlende Sprachkenntnisse auf beiden Seiten erschwert?

Einsatz von Sprachmittlern

? *Einsatz von nicht ausgebildeten Sprachmittlern*

- Nehmen Sie die Hilfe eines nicht ausgebildeten Dritten für die Kommunikation mit nichtdeutschsprachigen Patienten in Anspruch?
    - Wenn ja: Wie oft?
    - Wenn nein: Warum nicht?
- Waren diese Hilfspersonen nicht qualifizierte Sprachmittler, fremdsprachige Krankenhauspersonal, Familienmitglieder, Begleiter oder sonstige?
- Welche Probleme/Hilfeleistungen haben Sie mit diesen Menschen erlebt bei ihrer Ausübung der Dolmetschtätigkeit?
- Welche dieser Personengruppen hat Ihrer Meinung nach besser diese Tätigkeit ausgeführt?
- Haben jemals Kinder oder Jugendliche ein Gespräch mit nicht deutschsprachigen Patienten für Sie gedolmetscht?
    - Wenn ja: Wie alt waren diese Personen und welche Probleme haben Sie dabei erlebt?
    - Würden Sie die Zusammenarbeit mit Kindern oder Jugendlichen ablehnen? Wenn ja: Warum?
- Wenn Krankenhauspersonal für Sie gedolmetscht hat: Welche Tätigkeit üben diese Personen normalerweise im Krankenhaus aus (Ärzte, Schwestern, Reinigungskräfte etc.)? Verfügen diese Personen über Fachkenntnisse?

? *Einsatz von ausgebildeten Sprachmittlern*

- Haben Sie jemals an die Vorteile eines professionell ausgebildeten Dolmetschers im medizinischen Bereich gedacht (Fach-/Sprachkenntnisse; Schweigepflicht; Neutralität; Berufsethik etc.)?
- Haben/Hatten Sie die Möglichkeit auf professionelle Dolmetscher bei der Ausübung Ihrer Tätigkeit zurückzugreifen?
- Wenn ausgebildete Dolmetscher für Sie gedolmetscht haben, wie beurteilen Sie Ihre Leistungen?

? *Erfahrungen mit Sprachmittlern*

- Wie gut sind Ihrer Meinung nach die Sprach-/Fachkenntnisse der ausgebildeten Dolmetscher bzw. der nicht ausgebildeten Sprachmittler?

- Haben die Dolmetscher/Sprachmittler Ihrer Meinung nach genügend Fachkenntnisse?

- Brauchen Dolmetscher/Sprachmittler überhaupt Fachkenntnisse, um die Kommunikation zwischen Fachpersonal und Laien zu dolmetschen?

- Bekommen Sie bei gedolmetschten Gesprächen genügend Informationen, um eine angemessene Behandlung durchführen zu können?

- Wie kontrollieren Sie, ob der Patient die ganzen Informationen vom Dolmetscher/Sprachmittler erhalten und verstanden hat?

- Kennen Sie die Arbeit des Ethno-Medizinischen Zentrums in Hannover?

? *Ausblick / Perspektive*

- Welche Lösung(en) für die sprachlichen Schwierigkeiten wäre(n) für Sie die Beste(n)?

- Sollte es Ihrer Meinung nach eine Ausbildung oder einen Studiengang geben, um Dolmetscher für den medizinischen Bereich auszubilden?

- Welchen Sinn hätte so eine Ausbildung für Sie?

- Welche Hauptpunkte sollte so eine Ausbildung enthalten (Sprachen/Sachwissen/kulturelles Wissen etc.)?

Anhang 7: Interviews Praxisbericht Hildesheim

Interview 1 vom 07.03.2002: Hildesheimer Krankenschwester, 28 Jahre, deutsche Staatsangehörigkeit.

Ich bin 28 Jahre alt und arbeite seit ungefähr vier Jahren als Krankenschwester. Zuerst habe ich eine dreijährige Ausbildung absolviert, d.h., dass ich seit ca. sieben Jahren in diesem Bereich tätig bin. Es ist sehr schwer, genau zu sagen mit wie vielen Patienten ich pro Woche zu tun habe. Auf der Station haben wir zurzeit fast 40 Patienten. Ich würde sagen, dass ich pro Woche ca. 60 bis 80 Patienten behandele. Man kann sagen, dass ein Drittel dieser Patienten Ausländer oder Aussiedler sind, ja 10 bis 20 sicherlich. Es gibt aber relativ wenig Patienten, die wirklich kein Deutsch können. Die meisten sprechen schon Deutsch und können sich relativ gut verständigen. Natürlich hat man ab und zu jemanden, der kein Deutsch kann, z.B. alle vier Wochen einen oder so, aber es ist eher eine Ausnahme, dass ein Patient überhaupt kein Deutsch kann, relativ selten. Aber wenn diese Situation doch vorkommt, benutzt man doch alle möglichen Dinge, um eine Verständigung zu ermöglichen. Man spricht mit Händen und Füssen, schreibt kleine Zettel oder man versucht das, was man erklären möchte, aufzumalen. Es gibt aber teilweise fremdsprachige, vorgedruckte Aufklärungen für ausländische Patienten, aber sie sind eher schlecht und wenig hilfreich. Ich persönlich spreche nur Englisch als Fremdsprache, aber das reicht denn für den medizinischen Bedarf eigentlich schon nicht mehr aus, da ich die medizinischen Fachwörter nicht kenne, eher umgangssprachliches Englisch. Ich habe eigentlich nicht viele Probleme bei der Verständigung mit Ausländern, außer dass die Verständigung in der Regel viel länger dauert als mit deutschen Patienten. Aber mit Händen und Füssen und aufmalen geht das schon. Und wenn es gar nicht geht, holt man doch jemanden dazu. Ein Problem im Krankenhaus sind die südländischen Patienten und besonders die Männer, die sind sehr empfindlich und sehr wehleidig, und obwohl sie viele Sachen selber erledigen könnten, sehen sie es nicht ein und sagen: "dafür sind die Frauen zuständig, es ist nicht meine Aufgabe". Wenn sie merken, dass sie damit nicht durchkommen, blocken sie zum Teil dann vom Verständnis her ab. Wir haben auch Verständnis dafür, dass vielleicht männliche, ausländische Patienten nur von männlichen Pflegern gewaschen oder vor den Operation rasiert werden sollen. Wenn wir merken, dass es Probleme gibt, holen wir dann eine männliche Kraft dazu, es ist ganz selten, dass wir überhaupt keinen zur Verfügung haben. Diese kulturellen Probleme werden uns während der Ausbildung angesprochen, so dass wir ein bisschen Training im Voraus für diese Situationen haben. Trotzdem bin ich mehr oder weniger zufrieden mit der Kommunikation mit Ausländern und glaube, dass sie mehr oder weniger erfolgreich ist. Die Gespräche brauchen immer sehr lange und ausreichend sind sie auf keinen Fall, aber man kann sie verstehen und helfen. Man unterhält sich mit deutschsprachigen oder gleichsprachigen Patienten natürlich mehr und lockerer, als bei Ausländern weiß man, dass es vielleicht kulturelle Barrieren, vielleicht kulturelle Probleme gibt, man ist einfach vorsichtiger. Die Gespräche mit deutschsprachigen Patienten sind meiner Meinung nach auf jeden Fall erfolgreicher. Sie verstehen mich gleich, können Fragen stellen, es ist einfach leichter mit ihnen zu reden. Sehr oft versucht man bei ausländischen Patienten mit Händen und Füssen Diagnosen zu erläutern oder Behandlungsmethoden zu erklären. Oft kommt man dann nicht weiter, und wenn dann keiner vorhanden ist, der die Sprache spricht, ist es dann schon schwierig, eine Verständigung herzustellen. Auch wenn die ausländischen Patienten Deutsch sprechen, versucht man einfache Wörter zu wählen, man versucht leicht verständlich zu sprechen. Ich kann oft an dem Gesichtsausdruck sehen, ob mich jemand verstanden hat oder nicht. Gestern hatten wir zum Beispiel eine Patientin, die nur Russisch sprach und wirklich nur zwei, drei Wörter Deutsch verstanden hat. Diese Patientin wollte mir etwas mitteilen, hat das auch mit Händen und Füssen getan, aber ich habe es beim besten Willen nicht verstanden. Das Problem hat sich erst gelöst als ihr Ehemann, der sehr gut Deutsch sprach, ins Krankenhaus kam und uns sagte, dass sie nur Schmerzen im Nacken und Rücken hatte und eigentlich nur wollte, dass man sie einreibt. Hier hat praktisch der Ehemann für sie übersetzt. Meiner Meinung nach sind sprachliche Unterschiede aber kein Grund für fehlendes gegenseitiges Vertrauen, dies hängt in der Regel von der Persönlichkeit ab und nicht von sprachlichen Schwierigkeiten. Ich muss sehr oft die Hilfe eines Dritten bei den Gesprächen mit Ausländern in Anspruch nehmen. Diese Menschen sind natürlich nicht ausgebildet als Dolmetscher und sind hauptsächlich Krankenhauspersonal, Familienmitglieder, Freunde usw., d.h. alles quer durch die Bank, wer gerade da ist. Wir haben aber viele russische und polnische Krankenschwestern bei uns und sie sind natürlich immer die erste Wahl, weil sie die Fachkenntnisse besitzen und dementsprechend übersetzen können. Wenn aber keiner zur Stelle ist, dann hole ich jemanden, der in der Lage ist, etwas zu übersetzen, wirklich jeden von der Putzfrau bis zum Chefarzt. Bevor ich mit Händen und Füssen da etwas vormache, hole ich lieber jemanden heran, der die Sprache kann. Ich bevorzuge und versuche natürlich immer jemanden zu nehmen, der fachlich Bescheid weiß. Schwestern, Pfleger oder Ärzte, die die Sprache können, weil das dann fachgerecht rüberkommt und sie alles erklären können. Ich glaube diese Kenntnisse sind sehr wichtig. Zur Zeit arbeite ich auf der inneren Station, wo viele der Diagnosen Krebs lauten, natürlich kann man das auf Laienniveau weitergeben, aber wenn es konsequent um Behandlungsmethoden oder Aussichten oder darum geht, ob operiert werden soll, da müssen Fachkenntnisse vorhanden sein. Bei uns auf der Station werden die Patienten mit sehr emotionalen Problemen konfrontiert und werden damit oft überrumpelt, hier benötigt man Fachkräfte, um diese Dinge zu erklären, egal in welcher Sprache. Aber wenn da keine vorhanden ist, dann wird jeder zum Übersetzen genommen, klar. Natürlich treten hier manchmal Probleme auf, aber eher selten. Manchmal wissen die Laiendolmetscher nicht die medizinischen Fachwörter oder kennen manche Methoden nicht und können unsere Worte dann nicht übersetzen, weil sie selber nicht wissen, was gemeint ist. Man versucht dann alles sehr umgangssprachlich zu erklären, aber was davon übersetzt wird, hat man natürlich keine Ahnung von. Man kann nur hoffen, dass es richtig übersetzt worden ist. Trotzdem betrachte ich diese Personen immer als eine große Hilfe, aber die Gespräche sind auf jeden Fall erfolgreicher, wenn ausländische Schwestern übersetzen. Leider bekomme ich bei übersetzten Gesprächen nie genügend Informationen wieder. Wir spielen oft auf Zeit, d.h. je länger die Patienten bei uns sind, je mehr Informationen bekommen wir. Manchmal klären uns die Angehörigen auf, aber das passiert weniger. Ich kann auch nicht kontrollieren, ob die Patienten meine Informationen durch den Übersetzer erhalten und verstanden haben. Hier hofft man nur, dass es richtig angekommen ist oder kann es teilweise an den vorhandenen oder nicht-vorhandenen Rückfragen erkennen. Ich versuche mich immer mit dem Übersetzer vor und nach dem Gespräch zu unterhalten. Wir reden über die Probleme des Patienten und was vermittelt werden soll und natürlich klären wir die Fragen ab. Bis jetzt hat noch nie ein Kind oder ein Jugendlicher ein Gespräch für mich gedolmetscht. Ich werde sie auch nicht unbedingt nehmen, da Medizin eine ernste Sache ist und man muss dafür Verständnis haben. Bei uns haben wir weitreichende Diagnosen, die zum Teil übersetzt werden müssen, weitreichende Eingriffe, um es geht und ich glaube, Kinder und Jugendliche haben einfach nicht die Erfahrung und können dementsprechend nicht übersetzen. Ich habe leider überhaupt keine Erfahrungen mit ausgebildeten Dolmetschern, aber vielleicht wäre ein Ausbildung sinnvoll, aber ich weiß es nicht, ich kann dazu wenig sagen. Im Moment wird im Krankenhaus sehr viel aufs Geld geachtet. Betten werden reduziert, alles rationalisiert und von daher ist ein ausgebildeter Dolmetscher vielleicht sinnvoll aber zur Zeit nicht realisierbar. Für mich wäre die beste Lösung eine Gruppe von ausgebildeten Dolmetschern, die für die Sprachen, die am häufigsten gebraucht werden, immer abrufbereit stehen. Zum Beispiel sind in Hildesheim Russisch und Polnisch sehr gefragt, damals in Frankfurt war Türkisch sehr wichtig. Ich glaube eine Ausbildung oder ein Studiengang wäre zu viel, aber ein oder zwei Semester, in denen man grundlegende Behandlungsmethoden und Begriffe erlernt. Kulturelle Unterschiede und Probleme müssen auf jeden Fall bei einer Ausbildung angesprochen werden, da sie sehr wichtig sind. Ich finde eine Ausbildung wäre wichtiger in den Großstädten, weil hier die sprachlichen Problemzonen sind, nicht in den Kleinstädten wie Hildesheim. In den Großstädten gibt es viele Ausländer, die mit der ganzen Familie ins Krankenhaus kommen und oft sprechen die Tanten, Onkel usw. wirklich kein Wort Deutsch und ich glaube in diesen Ballungszentren ist wirklich ein Bedarf an qualifizierten Dolmetschern vorhanden.*

Anmerkung: Die Krankenschwester kannte die Arbeit des Ethno-Medizinischen Zentrums in Hannover nicht.

Interview 2 vom 12.03.2002: Hildesheimer Arzt, 33 Jahre, deutsche Staatsangehörigkeit.

Ich bin Arzt auf der Intensivstation für innere Erkrankungen im Städtischen Krankenhaus Hildesheim. Inklusiv meines Zivildienstes im Rettungsdienst bin ich seit etwa 1989 im medizinischen Bereich tätig. Zurzeit habe ich auf der Station mit ca. 100 Patienten pro Woche Kontakt, davon sind mindestens 10 bis 20 Prozent Ausländer bzw. Aussiedler und Spätaussiedler. Pro Woche behandele ich dann ungefähr drei bis vier Patienten, die sich nur schwer oder gar nicht auf Deutsch verständigen können. Bei einfachen Problemen mit diesen Patienten benutze ich die Zeichensprache oder für schwierige Probleme versuche ich mit anderen Personen, die vielleicht übersetzen können, den Patienten zu befragen. Ansonsten gibt es natürlich viele Fälle, wo dann wenig Kommunikation zustande kommt, also schlechter ist. Ich persönlich spreche Englisch und Spanisch fließend und habe in Französisch Grundkenntnisse, aber das reicht leider im Krankenhaus nicht aus, da die meisten Patienten mit diesen Sprachen nichts anfangen können. Sie benötigen osteuropäische oder asiatische Sprachen, d.h. meine Sprachkenntnisse helfen relativ wenig weiter.

Ich persönlich habe schon Probleme bei der Verständigung mit Ausländern, insbesondere mit Frauen aus dem Nahen Osten, die hier schlecht integriert sind und dementsprechend auch schlechte Deutschkenntnisse haben. Die meisten Probleme habe ich mit türkischen, albanischen oder afrikanischen Frauen. Das sind hauptsächlich sprachliche Probleme, kulturelle Probleme gibt es auch in kleineren Bereichen, aber letztendlich wird der Patient mehr oder weniger trotzdem indirekt gezwungen in einer gewissen Form dem Schema "Krankenhaus" zu folgen. Er muss sozusagen seine Kultur ein bisschen verlassen, man versucht natürlich - womöglich - Rücksicht zu nehmen, aber letztendlich werden alle Wünsche nicht erfüllt. Im Großen und Ganzen bin ich aber zufrieden mit der Kommunikation mit nicht deutschsprachigen Patienten. Meistens reicht es mit der Hilfe von den Verwandten, die dann übersetzen, aus, ja, insgesamt geht es. Die Kommunikation ist aber sicherlich nicht so erfolgreich wie mit deutschen Patienten. Bei nicht deutschsprachigen Patienten hat man größer Schwierigkeiten, die genaue Krankengeschichte oder Vormedikation zu erfragen, d.h. welche Tabletten er nimmt, welche Vorerkrankungen er hat, welche Beschwerden er genau hat. Wir sind dann in dieser Situation mehr auf technische Untersuchungen angewiesen als auf die Befragung des Patienten. Oft haben zum Beispiel Patienten aus Russland keine Krankenakten bei uns und so was ist dann sehr nachteilig, da ich als Arzt schlechter behandeln kann. Ich muss mehr improvisieren und verlasse mich dann mehr auf Laborwerte und technische Untersuchungen als sonst, da ich nicht nachfragen kann. Diese Behandlungen sind dann aufwendiger, mühseliger und dauern natürlich länger, aber ich glaube hier treten Fehldiagnosen oder Fehlbehandlungen nicht häufiger auf als bei deutschen Patienten. Denn bevor man eine richtige Behandlung angeht muss alles sicher sein, z.B. würde man sich vor einer gefährlichen Behandlung doch auf verschiedene Weisen absichern, um wichtige Informationen herauszufinden. Normalerweise fragt man die Angehörigen usw., klar es dauert alles ein bisschen länger und ist wahrscheinlich kostspieliger als bei einheimischen Patienten. Ein Dolmetscher wäre theoretisch billiger als die ganzen Untersuchungen, aber die ganze Betriebswirtschaft im Krankenhaus ist so komplex, dass so etwas nicht erfasst wird, nicht eingerechnet wird in den Budgets, es ist einfach zu schwierig und vielleicht werden deshalb keine Dolmetscher eingeführt. Bei mir sind schon Probleme auf Grund sprachlicher Schwierigkeiten aufgetreten, aber keine die lebensentscheidend oder lebensgefährlich waren. Aber eben Sachen, die die Behandlungsdauer vielleicht verlängern oder die für mich mehr Arbeitszeit oder Aufwand kosten. Es sind eher kleine Probleme und haben keine dramatischen Folgen für die Patienten. Für mich gab es noch keine Situation, in der ich einen Patienten nicht helfen konnte, ich würde nur sagen, dass sich die Behandlung verzögert hat, aber in Notfällen, wo Patienten kurz vor dem Tod stehen, sprechen sie meistens auch auf Deutsch nicht mehr. Patienten, die wirklich kein Deutsch sprechen, die kommen fast nie allein ins Krankenhaus, außer man findet sie auf der Strasse, aber normalerweise kommen sie immer mit einer Begleitperson, z.B. einem Angehörigen, der Deutsch kann. Wenn zum Beispiel eine ältere türkische Frau, das klassische Beispiel, zu uns kommt, ist fast immer ein Mädchen oder ein Junge im schulpflichtigen Alter dabei, der Deutsch sprechen kann. Die Angehörigen kümmern sich um den Kranken viel mehr als die Deutschen es tun, und dadurch kann man improvisieren. Mit Ausländern versuche ich auf jeden Fall einfacher zu sprechen, die Probleme einfacher darzustellen, die Fragen einfacher zu stellen und sicherlich versucht man oftmals in bestimmten Fragestellungen gar nicht in die Tiefe zu gehen, weil man davon ausgeht, dass der Patient das sowieso nicht verstehen kann, aus sprachlichen oder aus anderen Gründen. Das ist auf jeden Fall nachteilig, man gibt sich zwar Mühe, aber tja. Man macht es halt nicht so kompliziert, aber natürlich kommt dabei weniger Information heraus. Wenn man es einfach halten muss, kann man nicht soviel über einen Patienten erfahren. Natürlich spricht man auch, je nach Bildungsstand, mit vielen deutschen Patienten laienhaft. D.h. man versucht einfache, verständliche, deutsche Wörter, d.h. wenige lateinische Fachwörter zu benutzen. Diese Vorgehensweise ist ziemlich von den jeweiligen Kollegen abhängig. Ich persönlich gib mir sehr viel Mühe, dass ich einfache Wörter und keine Fachausdrücke verwende; es gibt aber Kollegen, die sozusagen so vertieft sind in ihrer Arbeit, dass sie Fachausdrücke benutzen, die der Patient nicht unbedingt verstehen kann. Aber die meisten versuchen eigentlich einfach zu reden und wenig Fachausdrücke zu verwenden, man gibt sich schon Mühe. Klar bei Ausländern, die wenig Deutsch sprechen versuche ich noch einfacher zu sprechen, man geht die Stufen der Einfachheit immer weiter hinunter. Das ist natürlich plumper und beinhaltet Nachteile, das ist klar. Wenn möglich versuche ich aber immer die Hilfe eines Dritten in Anspruch zu nehmen. Der klassische Fall, wo Familieangehörige übersetzen ist relativ häufig, die sind meistens bei der Aufnahme dabei oder man muss sie so organisieren, dass sie dabei sind. Diese Menschen betrachte ich dann immer als eine Hilfe, wenn sie für mich übersetzen. Bei osteuropäischem Putzpersonal aus dem Krankenhaus besteht das Problem der Schweigepflicht, bei einfachen Sachen geht das, aber bei schwierigen Sachen ist es ein Problem, man darf nicht einfach irgend jemanden nehmen. In 90 Prozent der Fälle bei uns im Haus übersetzen mit Sicherheit die Angehörigen. Die Angehörigen haben auch oft nur einfache Fachkenntnisse, wie bei vielen deutschen Patienten, ich glaube aber das ist eine Frage der Bildung, ihre Sprachkenntnisse sind aber relativ gut. Sie sind meistens Menschen im Alter zwischen 15 und 35 und sie sind hier aufgewachsen und leben und arbeiten hier und haben relativ häufig gute Deutschkenntnisse. Ich glaube, dass Fachkenntnisse gar nicht so wichtig sind, wenn der Übersetzer die Sprachkenntnisse hat. Ich muss auf Deutsch auch jemanden, der keine Fachkenntnisse hat, etwas einfach erklären und so erkläre ich es einem Dolmetscher und er soll das einfach übersetzen - ohne Fachbegriffe. Ich denke medizinische Fachkenntnisse werden nicht besonders gefordert, Grundkenntnisse sind natürlich gut und vorteilhaft, aber wichtiger sind die Sprachkenntnisse.

Es ist auch problematisch aus der Sicht der Schweigepflicht Krankenhauspersonal für diese Tätigkeit zu nehmen. Manche Ärzte haben Russischkenntnisse, aber hier in Hildesheim haben wir nicht viele türkische oder persische Ärzte und von daher benutze ich nicht oft Krankenhauspersonal zum Übersetzen. Die meisten akademischen Kräfte im Krankenhaus kommen nicht aus dem Ausland und können Übersetzertätigkeiten nicht ausüben, da sie die osteuropäischen Sprachkenntnisse nicht besitzen. Auch in der Uni-Klinik Göttingen, wo ich studiert habe, übernahmen nur Pflegedienst-, Labor- und Putzpersonal diese Tätigkeit. Häufig haben auch Kinder für mich gedolmetscht, auch sehr junge sogar. Die jüngsten waren zwischen 10 und 12 Jahre alt, aber häufig doch im Teenager- Alter. Klar mit diesen Personen ist dann das Gespräch sicherlich eingeschränkt, da die Kinder nur ganz einfache Fragen übersetzen können und nicht professionell, aber in dieser Situation ist es sicherlich besser als gar nicht mit dem Patienten sprechen zu können. Mit ausgebildeten Dolmetschern im medizinischen Bereich habe ich selber keine Erfahrung. Ich habe schon mal an die Vorteile eines ausgebildeten medizinischen Dolmetschers gedacht, aber wer soll das in der jetzigen Zeit bezahlen, im medizinischen Bereich spart man extrem ein. Ich weiß aus großen Häusern, dass man ehrenamtliche Leute oder Freiwillige organisiert, die eben dort beschäftigt sind, in Göttingen z.B. gibt es richtige Listen für Dolmetscher für jede Sprache. Aber das sind meines Wissens nach alles ehrenamtliche Dolmetscher in so großen Krankenhäusern. Professionelle Dolmetscher kenne ich nicht, es wäre schön, wenn sie da wären, aber ich kann mir überhaupt nicht vorstellen, dass in mittelgroßen Kliniken wie hier in Hildesheim jemand bereit ist, das finanziell zu tragen. Eine ganze Stelle, die nicht den ganzen Tag ausgelastet ist, wäre zu teuer. Also zurzeit und wahrscheinlich auch in der Zukunft habe ich hier in Hildesheim keine Möglichkeit, einen ausgebildeten medizinischen Dolmetscher in Anspruch zu nehmen.

Bei der Kommunikation durch einen Angehörigen bekomme ich sicherlich weniger Informationen als beim direkten Kontakt mit einem deutschen Patienten, aber ausreichend ist es schon. Durch einfache Fragen versuche ich zu erfahren, ob der Patient meine übersetzten Fragen verstanden hat, ob er noch Fragen an mich hat. Kontrollfragen, das ist die einzige Möglichkeit, ich habe um das Gespräch zu kontrollieren. Ich glaube dann, dass ich noch die Kontrolle bei diesen Gesprächen mit Dolmetschern habe. Das Problem ist, dass man das Niveau manchmal unendlich weit vereinfachen muss, aber ich glaube nicht, dass es dadurch Konfus wird oder, dass ich die Kontrolle verliere.

Eine gute Lösung für mich, was auch finanziell tragbar wäre, wären genügend Patienteninformationen in anderen Sprachen zu drucken. Wir haben das schon auf Russisch und Türkisch. Heutzutage muss man vor den Operationen usw. eine Erklärung abgeben, weil bei bestimmten Untersuchungen, komplizierten Untersuchungen, der Patient sein Einverständnis erklären muss. Hier müssten Aufklärungsbogen nicht nur auf ein oder zwei Sprachen, sondern auf vielen Sprachen gedruckt werden, die sind z.T. auf Deutsch sehr kompliziert, z.B. bei einer Herzkatheter- oder Darmspiegelungsuntersuchung, und es musste schon komplette Sachen für die ausländischen Patienten geben. Kleine Sprachführer, so eine Art Broschüre, die man den Patienten geben kann, so dass er schon im Voraus lesen und seine möglichen Fragen zusammenstellen kann. Ansonsten ist vielleicht für die kleineren Häuser ein ehrenamtlicher Dienst, Freiwillige, die die Sprachen beherrschen, eine gute Idee, z.B. Schwestern, Pfleger, Putzkräfte, die dazu verpflichtet werden. Und in den großen Kliniken gibt es vielleicht die Möglichkeit, Leute professionell einzustellen. Ich glaube, die diesen Menschen müssen extrem viele Sprachkenntnisse besitzen, denn mit ein oder zwei Sprachen kommt man nicht weit. In Universitätskliniken könnte man das durchaus machen. Das Problem sind wirklich die seltenen Sprachen, wer kann denn gleichzeitig Russisch, Portugiesisch, Polnisch, Türkisch, Arabisch und dazu am besten noch romanische und germanische Sprachen? Es ist echt schwierig, das alles zusammen zu kriegen. Ein Dolmetscher muss auch wirklich immer vor Ort sein. Manchmal, wenn er im nächsten Gebäude ist, kann es zu lange dauern bis er vor Ort ist. Deswegen ist eine Dolmetscherzentrale keine gute Lösung für den Notfall, wenn in zehn Minuten auf einen Dolmetscher warten muss, sind das vielleicht zehn Minuten zu lang. Im Krankenhaus kann man nicht immer Termine vereinbaren. Meiner Meinung nach macht es auch keinen Sinn einen Studiengang oder eine Ausbildung für Dolmetscher zu entwickeln, die nur für den medizinischen Bereich gedacht ist. Es macht vielleicht mehr Sinn, Übersetzungen von medizinischen Fachartikeln oder Beipackzetteln für Medikamente anzufertigen, da braucht man sicherlich eine Fachausbildung, "Fachübersetzung für Medizin", aber so im Krankenhaus, denke ich ist das ein bisschen zu weit übers Ziel hinausgeschossen, so groß ist die Not denn doch nicht. Es kann sein, dass in anderen Vierteln, wo der Ausländeranteil noch größer ist, ein Bedarf vorhanden ist, aber in einer Stadt wie Hildesheim halte ich das nicht für erforderlich.

Anmerkung: Der Arzt kannte die Arbeit des Ethno-Medizinischen Zentrums in Hannover nicht.

Interview 3 vom 22.03.2002: Hildesheimer Zahnarzt, 30 Jahre, deutsche und iranische Staatsangehörigkeit.

Ich bin Zahnarzt in einer Hildesheimer Praxis und bin seit ca. 11 Jahren im gesundheitlichen Bereich tätig. Mein Studium habe ich 1997 absolviert, aber hatte seit 1995, während meines Studiums, Kontakt mit Patienten. Zurzeit behandele ich ca. 50 Patienten pro Woche, davon sind bestimmt fast 50 Prozent Ausländer und von den 25 können sich acht oder neun gar nicht auf Deutsch verständigen. Die Ausländer bei uns in der Praxis sind hauptsächlich Türken, Araber und Kosovo-Albaner. Ich weiß, dass einige Patienten extra zu mir kommen, weil ich Moslem bin oder weil ich Iraner bin, es ist wahrscheinlich für sie angenehmer, aber ich weiß es nicht genau. In der Praxis haben wir auch eine türkische Zahnarzthelferin, die oft bei Gesprächen mit den türkischen Patienten hilft, die anderen nicht deutschsprachigen Patienten bringen meistens jemanden mit, der für sie dolmetscht. Ich würde sagen in 95 Prozent der Fälle bei uns dolmetschen Familienmitglieder, obwohl meiner Meinung nach die Zahnarzthelferin bei türkischen Patienten besser dolmetscht als die mitgebrachten Angehörigen. Ich versuche es fast nie auf eigene Faust, nein ich nehme immer unsere Helferin oder die Angehörigen als Dolmetscher; das ist einfach besser. Ich habe auch sehr oft Kinder als Dolmetscher benutzt, das jüngste Kind war bestimmt nur acht Jahre alt, aber diese Kinder sprechen z.T. sehr gutes Deutsch, genauso gut wie deutsche Kinder in dem Alter. Ich finde es nicht so schlimm, dass Kinder dolmetschen, ich meine in der Zahnmedizin wird es nicht so fachspezifisch wie z.B. im Krankenhaus. Die Kinder müssen keine schlimmen Botschaften dolmetschen, nichts über Krebs oder andere Krankheiten, sondern nur Ausdrücke wie Loch, Füllung oder der Zahn muss raus etc.. Das Fachvokabular und auch das, worüber gesprochen wird, ist nicht so schlimm wie im Krankenhaus. Natürlich, wenn ein Erwachsener vorhanden wäre und dolmetschen könnte, würde ich dann immer diese Person vorziehen. Die Personen, die mir bei der Kommunikation mit Ausländern helfen, sind natürlich keine ausgebildeten Dolmetscher, aber ich habe keine andere Wahl als sie zu nehmen. Auch unsere Helferin in der Praxis, die in Deutschland geboren ist, aber Türkisch spricht, hat nicht so viele Fachkenntnisse, aber ich glaube sie reichen für eine gelungene Verständigung aus. Sie kann die Fachbegriffe sicherlich besser auf Türkisch als ich sie auf Persisch kann. Zusätzlich zum Deutschen spreche ich Iranisch, Englisch, Spanisch und Französisch, aber diese Sprachen sind bei meiner Arbeit nur bedingt eine Hilfe. Durch meinen ausländischen Namen ziehe ich aber sicherlich ausländische Patienten an und z.T. Iraner, obwohl meine sprachlichen Fachkenntnisse auf Iranisch sehr begrenzt sind. Nach den Wörtern für "Schmerz und wo tut es weh" hören die zahnmedizinischen Kenntnisse in meiner Muttersprache auf. Ich wurde in Deutschland ausgebildet und habe auch die Sprachkenntnisse meines Berufes gelernt. Unsere türkische Helferin sagt auch oft, dass sie nicht weiß, wie sie etwas korrekt ausdrücken oder erklären soll, dass sie mit den Fachausdrücken auf Türkisch überfordert ist. Ich glaube, wenn ein Dolmetscher Sprach- und Fachkenntnisse hat, könnte die Kommunikation schneller sein, aber die Problematik ist die, dass auch wenn der Dolmetscher die Fachkenntnisse hat, der Patient sie immer noch nicht hat. Und wenn ich mit Fachbegriffen um mich werfe, muss der Dolmetscher diese Begriffe verstehen, sondern auch in eine verständliche, laienhafte Sprache für den Patienten umwandeln. Warum sollte ich dann diese Begriffe überhaupt benutzen? Meiner Meinung nach muss der Dolmetscher nicht wissen, was eine "Karies media" ist. Bis zu diesem Gespräch mit Ihnen habe ich nie an die Vorteile eines professionellen Dolmetschers gedacht. Vielleicht, weil bei uns in der Zahnarztpraxis die Sprache sehr begrenzt ist oder sein kann. Wir fragen kurz, sehen das Problem an und behandeln es anschließend. Ich glaube in einem Krankenhaus kann das ganz anders aussehen, besonders wenn das Krankenhaus in einer Stadt mit hohem Ausländeranteil ist, dann ist es fast Pflicht, jemanden zu haben. Die Probleme, die ich mit Ausländern erlebt habe, beruhen meistens auf sprachlichen Missverständnissen; wenn ich etwas erkläre und sie verstehen es nicht, dann wird es schwierig. Dann gehen die suchenden Blicke durch das Behandlungszimmer, sie suchen ihre deutschsprechenden Verwandten oder sagen nur "türkisches Mädchen". Wenn es Türken sind, kann unsere Helferin natürlich helfen. Kulturelle Probleme treten meiner Meinung nach seltener in meinem Bereich der Medizin auf. Außer vielleicht während Ramadan, wenn moslemische Patienten erst abends zum Zahnarzt gehen dürfen und nicht tagsüber. Ich selbst bin kein guter Moslem und deshalb frage ich mich oft, wie sie es machen, wenn sie dreimal täglich Medikamente einnehmen müssen während der Fastenzeit. Man kann Ramadan- Regeln auf Grund von Krankheiten brechen, das weiß ich, aber wenige Moslems glauben, dass Zähne krank werden können. Ihre Compliance ist auf jeden Fall geringer als bei deutschen Patienten, aber ausländischen Patienten erkläre ich die Verhaltensmaßnahmen in einem strengeren Ton und übernehme keine Verantwortung. Ich kann nur sagen, dass sie zwei Stunden lang nicht rauchen oder essen sollen, mehr kann ich nicht machen. Ein kultureller Unterschied ist, dass viele ausländische Patienten ihre Vorderzähne aus Gold haben wollen, was hier in Deutschland nicht üblich ist. Gold und nicht weiße Zähne sind bei denen ein Schönheitsideal, aber wenn der Patient so etwas haben möchte muss er nur eine Erklärung unterschreiben und dann bekommt er seine Goldzähne, kein Problem. Ein Problem ist die Mundhygiene und die Vorsorge der Zähne bei Ausländern, sie sind sicherlich nicht so gut wie bei deutschen Patienten, was auf verschiedene Gründe zurückgeführt werden kann. Ich glaube die Ausländer haben andere Probleme in Deutschland als ihre Zähne, Arbeit, Geld, Aufenthalt etc.. Und sie kommen eigentlich nur zum Zahnarzt, wenn sie Probleme haben und nicht zu den Kontrollen, man sieht sie nur wenn sie zur Behandlung mit Schmerzen kommen, bei den Kindern ist das genauso. Ein weiteres Problem ist auch, dass ausländische Patienten eine viel geringere Schmerzgrenze als die Deutschen besitzen. Ich frage mich manchmal, wie die ausländische, Frauen Kinder gekriegt haben. Bei uns schreien sie sehr laut, wenn etwas wehtut oder sind auch bei schmerzlosen Behandlungen sehr hektisch und laut, furchtbar, es ist sehr schwierig für uns. Es besteht ein massiver Unterschied zwischen den Schmerzgrenzen der Kulturen. Als Staffelung würde ich sagen, dass ausländische Frauen am empfindlichsten sind, dann deutsche und ausländische Männer und dann erst deutsche Frauen, die deutschen Frauen sind am härtesten im Nehmen, auf jeden Fall. Aber schwerwiegende Probleme auf Grund kultureller Unterschiede gibt es glaube ich nicht. Aber ich bin überhaupt nicht zufrieden mit der Kommunikation mit den ausländischen Patienten. Ich hoffe immer, dass der ausländische Patient alles verstanden hat, aber um ein Verhältnis zwischen dem Zahnarzt und dem Patienten aufzubauen, ist es immer besser, wenn direkt mit dem Patienten kommuniziert wird und nicht über eine dritte Person. Man macht genau weiß, was die dritte Person gesagt hat. Ich habe bei gedolmetschten Gesprächen keinen Zugang zu dem Patienten, um ihm seine Ängste zu nehmen und gerade bei Kindern ist diese Situation durch sprachliche Defizite enorm erschwert. Ich möchte nicht wissen, wie viele ausländische Eltern ihre Kinder mit Schlägen drohen, wenn sie nicht gleich den Mund aufmachen, ich habe hier keine Kontrolle, da ich nichts verstehe. Und das ärgert mich sehr, dadurch treten für mich auch oft Schwierigkeiten auf. Die Patienten meinen oft, dass ich einen Zahn gleich ziehen will, obwohl ich nur eine Füllung machen möchte. Sie werden immer super ängstlich und man versucht sie dann zu beruhigen, was nicht immer einfach ist. Ich versuche dann immer zu sagen, dass es nicht wehtun wird und das sie sich beruhigen sollen, viel reden, wie beim deutschen Patienten kann man nicht. Ich rede auch mit dem Dolmetscher und hoffe, dass der Patient dadurch ein bisschen abgelenkt wird. Bis jetzt habe ich nur einmal einem Patienten nicht helfen können, vor ungefähr drei oder vier Jahren, ich wusste wirklich nicht, was er wollte und musste ihn nach Hause schicken, aber das ist nur einmal passiert. Bei deutschen Patienten rede ich viel mehr, auch über alltägliche Dinge, um ihre Ängste zu nehmen, bei ausländischen Patienten redet man weniger, aber komischerweise automatisch lauter, als ob man glaubt, sie würden das besser verstehen, es ist natürlich Schwachsinn, aber man macht es trotzdem. Ich glaube, dass ich bei gedolmetschten Gesprächen genügend Informationen für eine ausreichende Behandlung bekomme. Manchmal weiß ich nicht genau, was der Patient will und dann mache ich einfach ein Medikament auf die Zähne um sie zu beruhigen, so etwas kommt aber nicht so oft vor, vielleicht zweimal im Monat, aber irgendetwas muss man für sie machen. Natürlich bekomme ich manchmal durch den Dolmetscher und vom Patient nicht genügend Informationen für eine gezielte Behandlung. Vor- und Nachgespräche führe ich in der Regel nicht mit der dolmetschenden Person, außer wenn ich mich über die schlechten Zähne ihrer Kinder aufrege. Ein Vorgespräch mache ich höchstens bei Operationen, aber es ist sehr schwer, nein ich finde es macht keinen Sinn, jedenfalls meistens. Das größte Problem ist die Kontrolle, mir sind hier die Hände gebunden, ich kann das Gespräch überhaupt nicht kontrollieren. Da kann ich wirklich nichts machen. Ich glaube Lösungen für diese Probleme zu finden ist keine leichte Aufgabe. Wenn man zum Beispiel einen Dolmetscherdienst für Hildesheim einrichten würde, Dolmetscher, die man immer abrufen kann, sie wären leider nicht immer vor Ort. Man ist als Zahnarzt z.B. ständig unter Zeitdruck, ich kann es mir nicht leisten, einen Patienten ins Zimmer zu setzen und eine Stunde warten zu lassen bis der Dolmetscher kommt, so viel Zeit haben wir einfach nicht. Ich glaube die Situation wie sie jetzt ist, ist leider nicht sehr verbesserbar. Es ist jetzt nicht super, aber ich habe das Gefühl, dass ich den Patienten schon helfen kann, wenn ich weiß, was er hat. Meiner Meinung nach wird man auch mit professionellen Dolmetschern nie einhundertprozentig zufrieden sein, besonders mit Kindern muss man selber reden, um das Vertrauen aufzubauen, es ist so wichtig. Bei ausländischen Kindern hat man oft nach der

Behandlung kein einziges Wort gewechselt, sondern nur mit den Eltern. Man hat das Kind mit der Nadel gepiekt, gebohrt und wehgetan, man kann so keine Beziehung aufbauen und sie haben für immer und ewig Angst vor dem Zahnarzt. Aufklärende Broschüren in verschiedenen Sprachen wären vielleicht eine gute Lösung, die es zurzeit nicht gibt. Ich glaube, ich habe so etwas während meines Studiums an der Universitätsklinik in Hamburg gesehen, aber ich bin mir nicht so ganz sicher. Aber ich glaube es waren Fragebogen auf Russisch, Türkisch und Deutsch, aber ich weiß, dass während des Studiums diese Probleme mit Ausländern nicht einmal angesprochen worden sind. Ich glaube für den zahnmedizinischen Bereich ist ein Studiengang für Dolmetscher ziemlich überflüssig. Das einzige Problem, dass wir als Zahnärzte haben, ist das mit dem Kontaktaufbau auf Grund sprachlicher Probleme und dieser Kontakt wird auch nicht durch einen Dolmetscher aufgebaut bzw. durch ihn wird das Problem nicht gelöst. Im Krankenhaus mit der Vielzahl von Verhaltensmaßnahmen ist ein professioneller Dolmetscher vielleicht die richtige Lösung, aber nicht bei uns. In der Regel kennen die Patienten jemanden, der für sie dolmetschen kann und zu der Behandlung mitkommt. Ich kann mir auch vorstellen, dass sich ein Studiengang oder eine Ausbildung nicht durchsetzen werden, weil so etwas nicht finanzierbar ist. Wer soll den Kurs und dann noch die professionell arbeitenden Dolmetscher bezahlen? Die meisten Ausländer haben nicht genug Geld für so etwas, sie sind finanziell schwach. Für so einen Service müssten dann entweder die Patienten oder die Krankenkassen bezahlen und das machen sie nicht. Das Gesundheitssystem in Deutschland versucht zurzeit an allen Ecken zu sparen, d.h. der Patient soll mehr Verantwortung übernehmen, mit anderen Wörtern: der Patient soll mehr bezahlen. Ich glaube nicht, dass eine Krankenkasse bereit ist, für ausländische Patienten, die Dolmetscher brauchen, zu bezahlen. Es wird dann heißen, sie sollen schneller Deutsch lernen oder Freunde als Dolmetscher benutzen. Aber wenn es eine Ausbildung gäbe, sollten auf jeden Fall Sprach- und begrenzte Fachkenntnisse sowie kulturelles Wissen auf dem Lehrplan stehen.

Anmerkung: Der Zahnarzt kannte die Arbeit des Ethno-Medizinischen Zentrums in Hannover nicht.

Interview 4 vom 10.04.2002: Hildesheimer Ärztin, 35 Jahre, deutsche Staatsangehörigkeit.

Ich bin Ärztin in einem Hildesheimer Krankenhaus und bin jetzt seit ca. 12 Jahren im gesundheitlichen Bereich tätig. Pro Woche habe ich mit ca. 80 bis 100 Patienten zu tun und davon sind vielleicht 20 bis 25 Ausländer. Manchmal sind es mehr, manchmal weniger, es ist sehr schwer ganz genau zu sagen. Aber pro Woche gibt es vielleicht zwei oder drei Patienten, die überhaupt kein Deutsch können, die haben aber meistens Verwandte oder Freunde dabei, die Deutsch können. Wenn aber niemand mitkommt und ich allein mit dem Patienten bin und er spricht kein Deutsch, dann habe ich ein Problem. Wenn es sich um einen türkischen oder italienischen Patient handelt, hole ich jemanden vom Personal, der Türkisch oder Italienisch kann, bei uns haben wir ausländische Schwestern und Pfleger, das ist kein Problem. Aber wenn der Patient eine seltene Sprache spricht, dann müsste ich es mit Englisch oder Zeichensprache versuchen, mit Händen und Füssen sozusagen, manchmal kann es ganz schön lustig sein. Meine Englisch- Kenntnisse reichen definitiv nicht aus für den medizinischen Bereich und auch die ausländischen Patienten reden meistens kein Englisch bzw. nicht so tolles, so dass ich es immer auf Deutsch versuche. Auf Deutsch kann ich alles sachlich erklären, setze mich auch nicht unter Druck. Die Kommunikation mit Ausländern bei uns im Haus ist nicht immer einfach, auch wenn sie Deutsch sprechen, die meisten sprechen oder verstehen Deutsch. Man muss viel langsamer reden, man muss die Wörter richtig wählen, es dauert alles viel länger und ich habe das Gefühl, dass die Ausländer nicht alles verstehen. Sie sagen zwar ja, ja, und wenn man sie fragt "Haben sie alles verstanden?" bekommt man die Antwort "ja ja klar". Vielleicht haben sie Angst zuzugeben, dass sie etwas nicht verstanden haben, ich weiß es nicht. Über kulturelle Probleme bei der Kommunikation mit ihnen habe ich wirklich nie nachgedacht, im Krankenhaus hat man dafür keine Zeit. Die größten Probleme habe ich mit ausländischen Männern. Ich bin eine Frau und habe viele Männer schon behandelt und untersucht, aber bei den männlichen moslemischen Patienten versuchen wir immer, dass eine meiner männlichen Kollegen das bezahlen. Das spart Ärger und er manchmal verstehe ich es wirklich nicht. Ich meine bei der Arbeit bin ich eine medizinische Fachperson, natürlich bin ich auch eine Frau, aber im Krankenhaus übe ich in erster Linie meinen Beruf aus. Das ist sicherlich ein kulturelles Problem. Die Ausländer reden auch viel mehr als die deutschen Patienten, auch wenn ihr Deutsch nicht so gut ist und für sie ist alles viel viel schlimmer. Sie übertreiben sehr gerne, aber daran gewöhnt man sich, man weiß, dass sie nicht alle gleich sterben. Aber manchmal ist es schwer einzuschätzen, wie ernst die Lage ist, aber bis jetzt habe ich keine ernsthaften

Probleme dadurch erlebt. Während der Besuchszeiten bekommen die ausländischen Patienten immer zu viel Besuch. Natürlich ist es gut, dass sich ihre Familien und Freunde um sie kümmern, aber in den Zimmern haben wir nicht genug Platz für acht oder neun Besucher pro Person und die Verwandten bringen grundsätzlich türkisches Essen und Süßigkeiten oder andere Sachen mit, die die Patienten nicht essen oder trinken dürfen, dann wird es problematisch für uns. Aber wirklich kulturelle Probleme gibt es nicht, glaube ich. Vielleicht müssen die Schwestern mehr Probleme behandeln als ich und meine Kollegen. Mehr oder weniger bin ich zufrieden mit den Gesprächen mit Ausländern, obwohl, wie schon gesagt, die dauern viel länger und sind schon komplizierter, das kostet die Ärzte viel Zeit. Leider habe ich aber oft das Gefühl, dass ich nicht so viele notwendige Informationen von den Ausländern bekomme. Wie gesagt, sie reden viel, aber sie erzählen nicht das Kernproblem, auf Deutsch kann ich besser und intensiver Nachfragen stellen und das Gespräch steuern. Ich kann bei der Kommunikation mit Ausländern das Gespräch nicht immer kontrollieren, ich habe keine Ahnung, was der Dolmetscher oder Patient wirklich sagt und kann nur hoffen, dass der Übersetzer seine Aufgabe richtig erledigt. Aber Erfolg im medizinischen Bereich kann man einfach beschreiben, "wenn ich einem kranken Patienten helfen kann, gesund zu werden", und deshalb sind die meisten Gespräche meiner Meinung nach schon erfolgreich, auch wenn sie länger dauern. Bei deutschen Patienten kann man die Krankengeschichte und Vorbehandlung besser nachvollziehen und überprüfen, obwohl die meisten Ausländer auch seit Jahren hier in Deutschland wohnen und ihre ganzen Krankendaten uns vorliegen. Bei Asylbewerbern, die hier bei uns keine Krankenakten haben, ist es manchmal schwer, weil man dann einfach mehr technische Tests durchführen, die Behandlungsdauer wird länger und weniger menschlich, aber am Schluss wird der Patient hoffentlich geheilt, so dass das Endergebnis das gleiche ist. Wirkliche Probleme sind bei mir persönlich eigentlich nie aufgetreten, ich habe bis jetzt jedem helfen können bzw. ich habe es versucht. Das eigentliche Problem ist die Zeitdauer und die kleinen Missverständnisse, die auftauchen, aber meistens schnell aufgeklärt werden können. Für die Gespräche mit nicht deutschsprechenden Patienten versuche ich wenn möglich immer einen Dritten zu nehmen, der für mich übersetzt. Sonst kommt keine Kommunikation zustande, nicht wahr? Wenn möglich nehme ich fremdsprachiges Krankenhauspersonal oder Verwandte der Patienten, die kennen ja die Krankengeschichte und die Patienten haben viel Vertrauen zu ihnen. Durch diese Personen bekommen wir viele Informationen und sie können die Patienten besser beruhigen als ich es kann. Nicht deutschsprechende Patienten kommen ganz selten allein ins Krankenhaus, höchstens Asylbewerber, die ohne Familie hier sind, aber auch sie haben Freunde oder einen Sozialarbeiter dabei. Leider sprechen die Freunde auch nicht immer einwandfreies Deutsch, aber es geht alles, irgendwie. Ich muss aber sagen, dass die meisten Personen, die für mich übersetzen sehr gut und hilfreich sind und ohne sie wäre meine Arbeit noch mehr erschwert. Ich persönlich bevorzuge die Verwandten als Dolmetscher, weil sie die Patienten kennen und schon eine große Vertrauensbasis zwischen ihnen besteht. Man muss sich vorstellen, dass die Patienten Angst haben und sie froh sind, wenn jemand Vertrautes dabei ist. Ob das Krankenhauspersonal oder Verwandten besser dolmetschen können, kann ich nicht beurteilen, beide machen es meiner Meinung nach sehr gut. In der Vergangenheit haben auch Kinder für mich sehr erfolgreich gedolmetscht, weil die Patienten keine Erwachsenen mitgebracht hatten. Das jüngste Kind war vielleicht acht oder neun, aber ich glaube, es ging damals nicht um ein ernsthaftes Problem. Bei inneren medizinischen Behandlungen werde ich immer erwachsene Übersetzer vorziehen, aber wenn außer dem Kind niemand da ist!? Ich glaube, Kinder können oft mit Sachen besser umgehen als man glaubt. Natürlich, möchte ich auch nicht, dass ein Kind seiner Mutter eine Krebsdiagnose übersetzt, aber was soll man machen, wenn sonst kein Dolmetscher vor Ort ist? An die Vorteile eines professionell ausgebildeten Dolmetschers habe ich bis heute nie gedacht, wie soll er denn überhaupt aussehen? Ich glaube, dass das zweisprachige Krankenhauspersonal die nötigen Fach- und Sprachkenntnisse hat und sie wissen auch, was die Schweigepflicht und Neutralität bedeutet. Ich glaube, dass sie verständlicherweise weniger Neutralität bei Behandlungen bewahren als professionelle Dolmetscher. Bis jetzt habe ich noch nie mit einem professionellen Dolmetscher gearbeitet, so dass ich die Unterschiede zwischen Profi und Nicht-Profi überhaupt nicht miteinander vergleichen kann. Gibt es überhaupt professionelle Dolmetscher für den medizinischen Bereich in Hildesheim? Ich bin mir auch nicht sicher, wie viele Fachkenntnisse ein Dolmetscher im medizinischen Bereich braucht, da ich sowieso nicht viele Fachbegriffe benutze, wenn ich mich mit Patienten unterhalte. Da kommt jeder Laie mit. Fremdsprachige Kenntnisse haben die meisten Ausländer sowieso. Ich glaube, es ist auch wichtig, dass man die Abläufe und Problematik eines Krankenhauses kennt, das ist meiner Meinung nach wichtiger als Fachkenntnisse. Lösungsansätze für die Zukunft zu finden ist keine einfache Aufgabe, aber in einem Krankenhaus kann man die Abläufe nicht radikal von heute auf morgen ändern. Das Gesundheitssystem ist zurzeit in einer wirtschaftlichen Notlage, man versucht überall zu sparen. Professionell ausgebildete Dolmetscher für das Krankenhaus wollen auch bezahlt werden, aber wer soll für die Bezahlung aufkommen? Ich glaube kaum, dass die Krankenhäuser die Kosten tragen würden, da zurzeit im Krankenhaus gespart, gespart und noch mal gespart wird. Vielleicht könnte man mehr Informationen für die Ausländer in ihren Muttersprachen bereitstellen. Hier besteht im Moment ein Mangel und das wird uns Zeit sparen, man müsste weniger erklären und die Patienten könnten sich schon im Voraus Gedanken machen. Es gibt jetzt schon ein paar Broschüren für Türken und Italiener, aber wir haben jetzt immer mehr Patienten aus Osteuropa, Russland usw., für sie gibt es kaum etwas. Ich glaube auch, dass ausländische Krankenschwestern und anderes Krankenhauspersonal keine zusätzliche Ausbildung brauchen, weil sie die Sprach- und Fachkenntnisse schon besitzen und Studenten von der Universität wären meiner Meinung nach zu überqualifiziert für diese Tätigkeit und hätten nicht das richtige Gefühl für die Arbeit bei uns. Vielleicht braucht man in einer Stadt wie Berlin oder Hamburg mehr Dolmetscher in den Krankenhäusern, aber in Hildesheim wäre so etwas ein bisschen übertrieben. So viele nicht deutschsprechenden Patienten haben wir doch nicht und für sie haben wir genug Personen im Krankenhaus vor Ort, die bei sprachlichen Problemen helfen können.

Anmerkung: Die Ärztin kannte die Arbeit des Ethno-Medizinischen Zentrums in Hannover nicht.

Interview 5 vom 11.04.2002: Hildesheimer Hausarzt, 53 Jahre, deutsche Staatsangehörigkeit.

Ich bin Hausarzt in Hildesheim mit eigener Praxis und bin jetzt inklusiv Ausbildung seit 34 Jahren im gesundheitlichen Bereich tätig. Pro Woche habe ich in der Praxis mit ca. 500 Patienten Kontakt. Ich schätze, dass 30 oder 40 davon Ausländer sind, aber fast alle sprechen Deutsch. Wir haben kaum jemanden ohne Deutschkenntnisse hier, pro Woche vielleicht ein oder zwei Patienten, die kein Deutsch sprechen können, mehr nicht. Diese Patienten bringen dann immer jemanden mit, der Deutsch kann - Angehörige, Freunde usw.. In der Praxis haben wir kein zweisprachiges Personal, also sind wir immer auf fremde Dritte angewiesen. Deshalb muss man sie in Anspruch nehmen, sonst kann ich mit den Patienten nicht sprechen, ganz einfach. Ich sehe diese Dolmetscher nicht als Hindernis, sondern als große Hilfe. Sie Helfen mir bei der Kommunikation mit den anderen. Auch Kinder haben schon für mich übersetzt und sie waren auch sehr gut, ich finde es nicht so schlimm, wenn Kinder diese Aufgabe übernehmen. Ich glaube trotzdem, dass es besser im medizinischen Bereich ist, wenn Erwachsene dolmetschen, aber manchmal sind sie eben nicht da. Nur bei politischen Flüchtlingen, die nur für kurze Zeit hier sind, kann es manchmal schwierig sein, weil sie keine Verwandten oder Freunde haben, die Deutsch sprechen. Ich selber habe gute Englisch- Kenntnisse, aber die Patienten meistens nicht. Trotzdem habe ich keine Probleme bei der Verständigung mit Ausländern. Natürlich muss ich oft einfaches Deutsch reden, d.h. ich formuliere die Sätze sehr einfach und die Sätze sind sehr kurz, aber es funktioniert fast immer. Wenn nicht, benutze ich die Zeichensprache, aber wie gesagt, da ist fast immer jemand dabei, der Deutsch kann. Mit Türken und Italienern hat man in Deutschland keine Probleme mehr; sie sprechen schon alle sehr gutes Deutsch, besonders die Kinder der zweiten und dritten Generation. Ich bin aber nicht immer zufrieden mit den gedolmetschten Gesprächen, da ich oft das Gefühl habe, dass meine Äußerungen ganz schön umformuliert werden. Ich kann es natürlich nicht nachprüfen, aber die Gespräche dauern immer so lange, viel länger als sonst. Die Ausländer sagen sehr viel, aber der Dolmetscher nie. Und dann versuchen sie Krankenakten oder ausländisches Versicherungskram hier zu übersetzen, das ist manchmal sehr nervig und langwierig. Diese Gespräche sind sicherlich nicht so erfolgreich wie mit deutschen Patienten, allein auf Grund des fehlenden Kontaktes. Ich habe das Gefühl, dass ich die Patienten nicht so gut aufklären kann, alles ist ein bisschen vereinfacht. Aber ich bekomme immer genügend Informationen von den Patienten und man erkennt an ihrer Mimik, ob sie alles verstanden haben und ob sie noch Fragen haben. Kulturelle Probleme an sich erlebe ich nicht, außer, dass diese Schmerzgrenze bei den südländischen Ausländern viel niedriger als bei Deutschen oder nordeuropäischen Ausländern ist. Aber starke kulturelle Probleme sind hier bei mir nie aufgetreten, die Ausländer wohnen hier und haben sich z.T. auch angepasst. Es kam auch nie vor, dass ich einem Patienten nicht helfen konnte, soweit kommt es nicht im medizinischen Bereich, mit der Zeichensprache kann man viel erreichen. Stellen sie sich vor, wie viel sie mit der Zeichensprache erledigen, wenn sie im Urlaub sind. Ich glaube das größte Problem für mich bei den Gesprächen mit Ausländern ist der Zeitaufwand. Man braucht doppelt so lange und darüber habe ich sehr wenig Kontrolle, über das gesamte Gespräch habe ich sowieso viel weniger Kontrolle auf Grund der fehlenden Sprachkenntnisse. Ich habe nie darüber nachgedacht, ob professionelle Dolmetscher diese Tätigkeit besser machen können, aber ich schätze ja. Aber ich bin Arzt und habe sehr wenig Zeit, mir Gedanken über diese Dinge zu machen. Ich glaube auch nicht, dass es in Hildesheim Dolmetscher für den medizinischen Bereich gibt, oder? Also ich glaube, ich habe keine Möglichkeit sie in Anspruch zu nehmen, es würde auch viel zu lange dauern. Wo sollen sie herkommen? Wie lange soll so etwas dauern? Sollen der Patient und ich hier bei mir sitzen und warten? Nein, ich glaube wie es jetzt ist, ist in Ordnung. Ich bin der Meinung, dass in Hildesheim kein Bedarf vorhanden ist. Fast alle meine ausländischen Patienten können Deutsch und ich glaube fast alle Hausärzte der Stadt wären der gleichen Meinung wie ich. Ein Dolmetscherdienst wäre ziemlich überflüssig. Welche Sprachen sollen die Dolmetscher sprechen? Die Sprachen ändern sich, früher waren viele Kroaten und Bosnier hier, aber sie sind jetzt alle weg. Heute braucht man afrikanische und asiatische Sprachen. Ich glaube für die Zukunft muss man nicht viel ändern, also zumindest bei mir nicht, ich brauche wirklich keine ausgebildeten Dolmetscher. Die Personen, die für mich dolmetschen, brauchen keine spezifischen medizinischen Kenntnisse und/oder Sprachkenntnisse. Wenn ich mit meinen Patienten spreche, benutze ich fast keine Fachbegriffe, sondern Laienbegriffe. Man muss kein Arzt sein, um die Gespräche zu verstehen. Vielleicht braucht man mehr Kenntnisse, wenn man einen Fachtext übersetzen möchte, aber nicht bei den Gesprächen bei mir. Ein Studiengang oder eine Ausbildung wäre für diesen Bereich meiner Meinung nach ziemlich überflüssig.

Anmerkung: Der Arzt kannte die Arbeit des Ethno-Medizinischen Zentrums in Hannover nicht.

Interview 6 vom 15.04.2002: Hildesheimer Arzthelferin, 27 Jahre, deutsche Staatsangehörigkeit.

Ich bin seit 11 Jahren als Arzthelferin bei einem Hildesheimer Internisten im Fachgebiet Gastroenterologie tätig. Ich habe mit ca. 350 bis 400 Patienten pro Woche Kontakt. Ich würde sagen, dass ca. 40 Prozent dieser Patienten Ausländer sind, pro Woche sind dann bei uns in der Praxis zwischen sieben und zehn Patienten, die kein Deutsch sprechen. Sie sprechen meistens türkisch oder osteuropäische Sprachen, Russisch Polnisch usw.. Wenn die nicht deutschsprechenden Patienten Afrikaner sind, spreche ich sie manchmal auf Englisch an, aber sehr selten, fast nie. Meine Englisch- Kenntnisse sind schlecht und die Patienten sprechen meistens sowieso kein Englisch. Zum Glück ist meine Kollegin Türkin, d.h. über die türkischen Patienten müssen wir uns keine Sorgen machen. Oft kommen die türkischen Patienten herein und sagen gleich "türkisch Mädchen, wo türkisch Mädchen", dann holen wir sie, klar. Es ist für uns viel einfacher. Sie ist hier in Deutschland geboren, spricht aber perfekt Türkisch und Deutsch. Sie verhindert viele Probleme für uns. Die meisten Patienten kommen aber nie allein in die Praxis, sie haben immer eine deutschsprechende Person dabei, was auch ganz praktisch ist. Aber wenn ich mit ausländischen Patienten reden muss, versuche ich immer ganz langsam und ganz deutlich zu reden. Das heißt, ich benutze sehr einfaches Deutsch, keine langen Sätze, ich vereinfache alles, so dass sie das besser verstehen können. Ich glaube, sie verstehen einfaches Deutsch ganz gut, ich meine sie sagen immer ja, ja, und nein, nein, ob sie mich wirklich verstehen weiß ich nicht, aber ich glaube ja. Die Gespräche mit ihnen dauern immer sehr viel länger als mit den deutschen Patienten, mindestens 50 Prozent länger und das nervt manchmal, aber wirkliche Probleme treten nie auf, auch keine kulturellen Probleme. Kulturelle Probleme haben wir nur dann, wenn wir moslemischen Männern einen Einlauf geben sollen. Ich glaube, sie schämen sich, ja die moslemischen Patienten schämen sich sehr oft, wenn sie sich ausziehen müssen. Besonders die Frauen wollen ihre Kleidung nicht vor dem Arzt ausziehen, aber angezogen kann er sie nicht untersuchen oder behandeln, nicht wahr? Man muss sie manchmal richtig zwingen, ihre Kopftücher abzusetzen. Wir müssen auch während des Rahmadams ihre Termine anders legen, sonst können wir die Untersuchung mit ihnen nicht durchführen, aber auf so etwas nehmen wir besondere Rücksicht. Aber wirklich kulturelle Probleme gibt es bei uns nicht. Trotz dieser Probleme bin ich mit der Kommunikation mit nicht-deutschsprechenden Patienten mit der Hilfe einer Begleitperson zufrieden, zufrieden, weil man doch letztendlich einander versteht. Vielleicht ist die Kommunikation mit deutschen Patienten reibungsloser, einfacher, obwohl bei den Deutschen gibt es auch welche, die nichts verstehen. Bei uns ist es sehr wichtig, dass man die Anweisungen des Arztes genau folgt. Oft sind unsere Erklärungen sehr lang und z.T. schwierig. Zum Beispiel muss man bei einer Darmspiegelung den Anweisungen der Vorbereitung für die Darmentleerung mit Abführmitteln genau folgen, wenn nicht, können wir keine Entleerung machen und auch keine Darmspiegelung. Es kommt schon manchmal vor, dass die Patienten mit der Vorbereitung zu früh oder zu spät anfangen, weil sie die Anweisungen nicht richtig verstanden haben und dadurch die Abführmittel falsch einnehmen. Aber das etwas passiert den deutschen Patienten genauso. Es ist sehr rar, dass ich jemanden auf Grund von Sprachschwierigkeiten nicht helfen kann, aber letzte Woche gab es wieder so einen Fall. Ein Mann aus Afrika war bei uns und wollte den Arzt sehen, er hatte weder eine Überweisung noch eine Chip-Karte dabei und ich versuchte ihm dieses Problem zu erklären, dass man bei uns diese Sachen braucht. Er sprach kaum Deutsch und verstand auch kein

Englisch. Ich glaube, er wollte einen Termin, aber ich konnte ihn nicht verstehen und ihm nicht weiterhelfen. Ich habe immer wieder gesagt: "Überweisung, Du brauchst eine Überweisung", und dann ist er plötzlich gegangen. So etwas kommt aber nicht oft vor, wirklich nicht. Normalerweise, wenn Patienten ohne Deutschkenntnisse allein in die Praxis kommen, bekommen sie einen Termin von uns und wir sagen ihnen, dass sie einen Übersetzer mitbringen sollen. Dann bringen sie eine Begleitperson mit und es gibt keine Probleme. Manchmal bringen sie auch Kinder für diese Arbeit mit, die jüngste bis jetzt war neun oder zehn Jahre alt. Die Kinder können fast alle Deutsch und sie können auch die Medikamentenbeipackzettel für die Eltern übersetzen, was auch sehr gut ist. Ich versuche immer das Gespräch ziemlich einfach zu halten für die Kinder, auch bei Magen- und Darmspiegelungen. All diese Menschen, die für uns übersetzen, sind wirklich eine große Hilfe; ohne sie würden wir nicht so viele Informationen bekommen. Am Ende eines Gespräches frage ich immer nach, ob die Patienten alles verstanden und ob sie noch fragen haben, dadurch kann ich sehen und kontrollieren, ob alles richtig übersetzt worden ist. Ich glaube, diese Menschen sind sehr gut und dass professionelle Dolmetscher bei uns nicht nötig sind, das würde sich bei uns nicht lohnen. Diese Begleitpersonen haben die Sprachkenntnisse und Fachkenntnisse braucht man bei uns nicht, wir halten alles sehr einfach, so einfach wie möglich. Ein guter Lösungsansatz wäre vielleicht, wenn die Patienten Deutschkurse besuchen würden, mein Chef ist auch dieser Meinung. Ich meine, es gibt Patienten, die seit Jahren zu uns kommen und kein Wort Deutsch sprechen. Normalerweise, wenn man irgendwo wohnt, muss es möglich sein, die Sprache zu lernen, oder nicht? Es würde uns viel Arbeit ersparen. Aber wenn es eine Ausbildung für Dolmetscher geben sollte, sollten die Studenten medizinische Fachwörter und –ausdrücke lernen, ich glaube die Kenntnisse sind sehr wichtig sind, mehr müssen sie bei uns nicht wissen.

Anmerkung: Die Arzthelferin kannte die Arbeit des Ethno-Medizinischen Zentrums in Hannover nicht.

Interview 7 vom 18.04.2002.: Hildesheimer Ärztin, 31 Jahre alt, deutsche Staatsangehörigkeit.

Ich bin seit zwei Jahren Ärztin in der Anästhesie im Städtischen Krankenhaus in Hildesheim. Pro Woche habe ich mit ca. 100 Patienten Kontakt. Zwanzig Prozent davon sind Ausländer oder Aussiedler und pro Woche muss ich mich mit ca. fünf nicht deutschsprechenden Patienten verständigen. Mit diesen Patienten spreche ich immer mit der Hilfe eines Dritten, meistens sind diese Personen Verwandte, Freunde usw.. Manchmal übersetzen Kollegen aus dem Krankenhaus für mich, z.B. haben wir bei uns eine Ärztin aus Russland, aber in 99 Prozent der Fälle übersetzen Begleitpersonen. Mit meinen Englischkenntnissen kann ich im Krankenhaus nichts anfangen, weil die Patienten bei uns weder Englisch sprechen noch verstehen. Die Sprachen, die am häufigsten gesprochen werden sind Russisch, Türkisch, Polnisch und afrikanische Sprachen. Manchmal haben wir Patienten aus Afrika, die sagen, dass sie Englisch sprechen, aber ihr Englisch verstehe man überhaupt nicht, das sie kein Englisch so wie wir es gelernt haben. Bei der Verständigung mit ausländischen Patienten habe ich viele Schwierigkeiten, nicht nur gelegentlich, sondern immer. Als Ärztin in der Anästhesie muss ich Patienten über mögliche Komplikationen bei der Anästhesie aufklären und von ihnen eine unterschriebene Erklärung bekommen. Zum Beispiel bekommen viele Frauen bei einer Geburt eine Periduralanästhesie, um die Schmerzen zu lindern. Diese Anästhesie kann in Ausnahmefällen zu einer Querschnittslähmung führen, sehr selten, aber es kann vorkommen. Über diese Risiken muss ich dann die Patientin vor dem Eingriff aufklären, bei den türkischen Frauen ist die Aufgabe sehr schwer, weil sie mich einfach nicht verstehen. Ich muss die Patientinnen aufklären, aber manchmal ist es bei den Ausländern mehr oder weniger eine Pflichtaufgabe, d.h. sie verstehen es nicht richtig, aber ich muss mich irgendwie rechtlich absichern, sie müssen nur unterschreiben. Auch mit der Hilfe von deutschsprechenden Freunden oder Verwandten habe ich das Gefühl, dass nicht deutschsprechende Patienten diesen Vorgang nicht richtig verstehen. Es kommt noch hinzu, dass die Türkinnen unglaublich wehleidig sind, man kann es sich kaum vorstellen. Sie schreien und weinen und gewinnen bei uns keine Bonuspunkte, wir sind von ihnen alle ein bisschen genervt. Ich muss auch sagen, dass sie von den Schwestern nicht soviel Aufmerksamkeit bekommen wie die deutschen Patienten, man lässt sie ein bisschen links liegen, das ist nicht schön, aber man kann sich mit ihnen nicht so einfach unterhalten. Ausländische Patienten bekommen oft eine Vollnarkose in Situationen, wo deutsche Patienten nur eine örtliche Betäubung bekommen würden. Dies resultiert daraus, dass man bei einer örtlichen Betäubung mit dem Patienten während der Operation sprechen muss und das geht nicht mit nicht deutschsprechenden Patienten. Bei mir ist der Zeitfaktor bei den gedolmetschten Gesprächen ein großes Problem, die Gesprä-

che dauern immer viel länger als bei deutschen Patienten und manchmal habe ich das Gefühl, dass die Gespräche umsonst waren. Wir haben bei uns Aufklärungsbogen mit Standardfragen wie z.B. "Rauchen Sie?", "Haben Sie Herzrasen beim Treppensteigen?" auf Türkisch und Englisch, aber die Türken haben wirkliche Probleme mit diesen Bögen. Ich glaube, viele können nicht richtig lesen oder verstehen nicht, um was es geht. Meistens bekommt man den Bogen unausgefüllt zurück, und dann muss ich noch mal hingehen und den Bogen mit den Patienten durchgehen. Diese zusätzliche Arbeit kostet Zeit und Geld. Ich glaube, die ausländischen Patienten verstehen nicht, dass sie im Krankenhaus sind, d.h. ein Krankenhaus hat einen geregelten Ablauf, festgelegte Besuchszeiten, aber sie halten sich an keine Regeln, manchmal geht es zu wie auf einem Bazar. Hinzu kommt, dass nahezu alle Ausländer, wenn sie uns kommen, Begleiterkrankungen haben, d.h. Herzprobleme durch Übergewicht, Alkoholprobleme usw., und gerade deshalb sind diese Standardfragen sehr wichtig für meine Arbeit. Auch wenn Ausländer Begleitpersonen dabei haben, kann das Gespräch manchmal chaotisch verlaufen. Vor zwei oder drei Wochen kam ein arabisches Mädchen mit einem gebrochenen Arm mit der ganzen Familie zu uns. Der Arm musste sofort operiert werden, da er sehr angeschwollen war, aber nur ihre kleine Schwester konnte Deutsch, um meine Erklärungen zu übersetzen. Als ich dann mit den beiden Mädchen gesprochen habe, redete die ganze Familie immer wieder dazwischen, bei den Ausländern passiert so etwas sehr oft. Ich konnte mit den Mädchen kaum reden und dann weigerten sich die Eltern die Operationserklärung zu unterschreiben. Wir mussten die Eltern mit der Entmündigung der Kinder durch den Amtsrichter drohen. Am Schluss haben alle nur geschrien, inklusive ich, und solche Situationen kommen nicht selten vor. Aber der Zeitverlust ist das Problem Nummer Eins bei uns, mit den ausländischen Patienten muss ich immer langsamer reden und blöderweise rede ich auch immer lauter. Man muss alles zweimal erklären und oft dokumentiere ich meine Fragen auch wenn die Patienten sie nicht richtig verstanden haben, uns fehlt die Zeit alles tausendmal zu erklären. Bei der Verständigung mit Hilfe eines Dritten habe ich oft Angst, dass sie meine Äußerungen nicht richtig übersetzen, dass die Information verfälscht wird. Ich frage selber immer nach, ob der Patient alles verstanden hat und kann oft an seiner Mimik sehen, ob alles in Ordnung ist. Wenn ich sage, wir müssen vor eine Operation nüchtern sein, dann zeigen sie oft auf ihre Trinkflaschen und sagen "nichts, nichts" oder benutzen die Zeichensprache. Verwandte sind mit Sicherheit die schlimmsten Dolmetscher, weil sie die Fragen, die für ihre Angehörigen bestimmt waren, selber beantworten. Mütter lassen die Kinder nie aussprechen, und wenn ich Jugendlichen Fragen stellen muss wie z.B., "Rauchst Du?" antworten die Eltern oder Onkel usw. immer mit "Nein, unsere Kind raucht nie" und die Kinder haben nichts gesagt, haben nicht einmal die Frage übersetzt bekommen. Kinder dolmetschen sehr gut, obwohl ich glaube, dass sie mit der Situation überfordert sind. Ich möchte in Zukunft auf die Arbeit mit Kindern als Dolmetscher verzichten, aber manchmal lässt sich die Situation nicht anders regeln. Die Kinder sind aber von den Sprachkenntnissen her die besten Dolmetscher. Zuhause sprechen sie ihre Muttersprache und in der Schule Deutsch, vielleicht sollten sie diese Kenntnisse, wenn sie älter sind, ausnutzen, weil sie die idealen Übersetzer sind. Sie tun mir oft sehr leid, wenn sie dolmetschen müssen, aber wir haben manchmal keine andere Wahl. Kollegen dolmetschen für mich sehr selten, aber sie sind mit Sicherheit besser als die anderen, weil sie neutral sind und die Abläufe bei uns kennen. Neutralität ist für mich sehr wichtig, weil diese Sachlichkeit bei den gedolmetschten Gesprächen meistens fehlt, und ich habe oft an die Vorteile eines professionellen Dolmetschers bei uns im Haus gedacht. Aber zurzeit habe ich keine Möglichkeit, auf so etwas zurückzugreifen. Gute Lösungen für mich wären mit Sicherheit ausgebildete Dolmetscher oder ein Dolmetscherdienst in Hildesheim. Bei uns in der Anästhesie werden sehr wenig Notoperationen durchgeführt, d.h. die meisten Operation sind schon vorgeplant, meistens einen Tag im Voraus. Wir hätten dann genug Zeit, einen Termin mit dem Dolmetscher abzusprechen, ohne Zeitverlust. Ich glaube aber, dass sich solch ein Dienst in Hildesheim nicht lohnen würde. Man müsste anhand von Zahlenerhebungen herausfinden, ob ein Dienst in Hildesheim rentabel wäre, aber ich schätze eher nicht, vielleicht in Großstädten. Obwohl mit unserem Krankenhäusern hier zusammen mit dem in Diekholzen kommt man schon auf ca. 1500 Betten. Man müsste eine Untersuchung starten. Ich glaube eine Ausbildung für Dolmetscher in diesem Bereich wäre sehr gut, aber auch nicht rentabel. Welche Sprachen sollte man da unterrichten und wer sollte diese Sprachen unterrichten? Im Krankenhaus brauchen wir keine normalen Fremdsprachen. Viele meiner Kollegen können Französisch und Englisch sehr gut, aber diese Sprachen sind bei uns nutzlos. Vielleicht wäre eine Ausbildung die Möglichkeit für Ausländer, einen Job in Deutschland zu finden, hier könnte man etwas aufbauen und die Arbeitslosenzahl reduzieren. Ich glaube, Dolmetscher bei uns brauchen keine ausgeprägten Fachkenntnisse, weil ich nie richtige Fachbegriffe benutze, wenn ich mit den Patienten spreche, auch mit den deutschen nicht, aber Grundkenntnisse der Medizin wären nicht schlecht. Mit diesen Grundkenntnissen könnte der Dolmetscher die Lage besser einschätzen und Sachen erklären, aber die Dolmetscher sollen *nicht die Rolle des Arztes übernehmen. Die Sprachkenntnisse müssen verbessert werden, oft können die jetzigen Dolmetscher auch nicht so gut Deutsch und vor allem müssen sie etwas über Neutralität lernen, ganz wichtig.*

Anmerkung: Die Ärztin kannte die Arbeit des Ethno-Medizinischen Zentrums in Hannover nicht.

Anhang 8: Statistiken Hildesheim

Die ausländische Bevölkerung der Stadt Hildesheim nach Stadtteilen mit Altersstruktur, Familienstand und Konfessionszugehörigkeit - Stand 01.01.2002

BEZIRK	INSG	MÄNNL	WEIBL	0-3	3-6	6-12	12-15	15-18	18-25	25-45	45-60	>60	LED	VERH	VERW	GESCH	EVANG	KATH	SONST
1 Mitte	1354	682	672	34	55	127	56	53	166	533	201	129	583	649	38	84	28	280	1046
2 Neustadt	209	107	102	5	5	25	10	6	26	93	27	12	99	86	7	17	9	42	158
3 Nord [1]	1913	1001	912	81	86	209	84	75	212	730	290	146	847	919	41	106	31	223	1659
4 Süd	196	101	95	4	5	11	4	7	17	84	39	25	76	104	7	9	14	50	132
5 Ost	1374	687	687	39	84	130	61	55	157	509	217	142	587	670	53	64	39	230	1105
6 Galgenberg [2]	531	258	273	9	18	34	13	18	85	242	71	41	268	232	14	17	22	109	400
7 Drispenstedt	921	474	447	20	30	87	32	31	116	317	201	87	349	514	18	40	17	109	795
8 West	405	208	197	4	10	39	10	13	35	186	78	30	157	205	11	32	21	87	297
9 Moritzberg	388	190	198	2	15	39	10	9	28	166	74	45	128	222	8	30	21	81	286
10 Neuhof [3]	243	130	113	3	7	17	6	5	26	90	53	36	74	147	7	15	8	50	185
11 Ochtersum	467	217	250	10	17	52	20	25	34	206	60	43	174	262	8	23	24	77	366
12 Marienrode	3	2	1	0	0	0	0	0	0	1	1	1	0	1	0	2	1	0	2
13 Sorsum	62	35	27	1	1	5	2	7	5	26	12	3	38	22	1	1	3	15	44
14 Himmelsthür	254	134	120	9	8	18	5	6	23	112	47	26	93	146	8	7	10	64	180
15 Bavenstedt	25	15	10	0	0	0	0	1	3	16	3	2	7	17	0	1	2	6	17
16 Einum	36	27	9	1	1	0	0	0	7	24	3	0	24	11	0	1	2	11	23
17 Achtum-Uppen	35	18	17	0	0	3	1	3	6	11	6	4	18	15	2	0	3	2	30
18 Itzum	319	147	172	7	6	20	11	9	39	133	69	25	116	182	7	14	12	94	213
19 Marienburg	2	0	2	0	0	0	0	0	0	0	0	1	0	2	0	0	1	1	0
GESAMT:	8737	4433	4304	229	329	816	325	323	985	3479	1453	798	3638	4406	230	463	268	1531	6938

Vollständige Bezeichnung:
[1] Nord mit Steuerwald
[2] Galgenberg und Marienburger Höhe
[3] Neuhof und Hildesheimer Wald

Eigene Auswertung der Einwohnerdatei

1.4 Ausländische Einwohner in den Stadtteilen

Stadtteil	Bezirk	alle Einwohner	ausländ. Einwohner	Insges. %	Insges. %	Insges. %	Männlich Absolut	Weiblich Absolut
Spalte 1	Sp.2	Spalte 3	Spalte 4	Spalte 5	Spalte 6	Spalte 7	Spalte 8	Spalte 9
Mitte	1	9.701	1.354	15,50%	1,21%	13,96%	682	672
Neustadt	2	2.380	209	2,39%	0,19%	8,78%	107	102
Nord mit Steuerwald	3	10.980	1.913	21,90%	1,71%	17,42%	1.001	912
Süd	4	4.557	196	2,24%	0,18%	4,30%	101	95
Ost	5	14.683	1.374	15,73%	1,23%	9,36%	682	687
Galgenberg *	6	11.106	531	6,08%	0,47%	4,78%	258	273
Drispenstedt	7	6.175	921	10,54%	0,82%	14,91%	479	447
West	8	6.822	405	4,64%	0,36%	5,94%	208	197
Moritzberg	9	10.241	388	4,44%	0,35%	3,79%	190	198
Neuhof *	10	3.623	243	2,78%	0,22%	6,71%	130	113
Ochtersum	11	8.219	467	5,35%	0,42%	5,68%	217	250
Marienrode	12	67	.				.	.
Sorsum	13	3.099	62	0,71%	0,06%	2,00%	35	27
Himmelsthür	14	7.152	254	2,91%	0,23%	3,55%	134	120
Bavenstedt	15	1.414	25	0,29%	0,02%	1,77%	15	10
Einum	16	1.006	36	0,41%	0,03%	3,58%	27	9
Achtum-Uppen	17	1.241	35	0,40%	0,03%	2,82%	18	17
Itzum	18	9.297	319	3,65%	0,29%	3,43%	147	172
Marienburg	19	125	.				.	.
Gesamt		111.888	8.737	100,00%	7,81%	7,81%	4.433	4.304

Quelle: eigene Auswertung der Einwohnerdatei - einschließlich Personen mit mehreren Wohnsitzen
Stand 01.01.2002
Spalte 2: Bezirk 6 = amtliche Bezeichnung Galgenberg und Marienburger Höhe
  Bezirk 10 = amtliche Bezeichnung Neuhof mit Hildesheimer Wald
Spalte 5: Der jeweilige Prozentwert bezieht sich auf die Anzahl der Gesamtausländer (Spalte 4 = 8.818 Personen)
Spalte 6: Der jeweilige Prozentwert bezieht sich auf die Anzahl der Gesamtbevölkerung (Spalte 3 = 111.998 Personen)
Spalte 7: Der jeweilige Prozentwert bezieht sich auf die Anzahl der Gesamtbevölkerung des jew. Stadtteiles (Spalte 3)

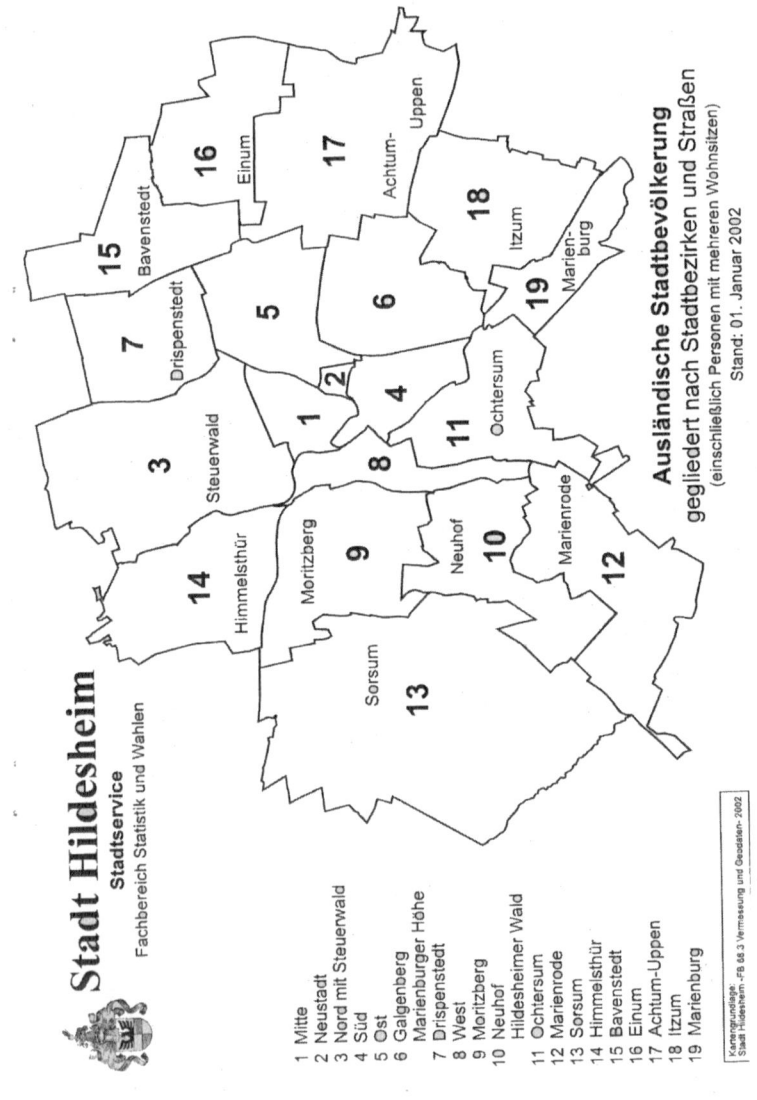

Anhang 9: IHK Berlin

An alle Interessent/innen der
Fremdsprachenprüfungen

Unser Zeichen: ms
Name: Gabriele Meissl
Telefon: (030) 3 15 10-8 07
Telefax: (030) 3 15 10-1 07
e-mail: ms@berlin.ihk.de
Datum: siehe Poststempel

Prüfungen für Wirtschaftsübersetzer/innen und Wirtschaftsdolmetscher/innen
für die *englische/spanische/französische/deutsche* Sprache

Sehr geehrte Damen, sehr geehrte Herren,

die IHK Berlin bietet bei einer Mindestteilnehmerzahl von 10 Personen jeweils im Frühjahr (März/April) und im Herbst (September/Oktober) die o. g. Prüfungen an. Bei Anmeldung erfolgen schriftliche Einladungen mit allen Informationen über genauen Termin, Uhrzeit, Ort etc. jeweils ca. 3 Wochen vor den Terminen der schriftlichen und mündlichen Prüfung. Die Zulassungsvoraussetzungen, Prüfungsgebühr und Anmeldeschluß entnehmen Sie der beigefügten Prüfungsordnung bzw. dem Anmeldeformular.

Die IHK Berlin veranstaltet selbst keine vorbereitenden Kurse und darf auch keine Empfehlungen für Schulen geben. Bitte informieren Sie sich über das Internet oder das Branchenfernsprechbuch über Sprachenschulen in Berlin (auch Volkshochschulen bieten Kurse an).

Die Prüfungstexte (auch der Vorjahre) unterliegen der Geheimhaltung und werden nicht veröffentlicht. Bei den Texten für die Prüfung zum Wirtschaftsübersetzer/innen und Wirtschaftsdolmetscher/innen handelt es sich häufig um Artikel des Wirtschaftsteiles der großen Tageszeitungen.

Die IHK Berlin bietet ausschließlich die Sparte *Wirtschafts*-Übersetzer/in an.

Falls Sie eine Prüfung in einer anderen Sparte oder anderen Sprachen für Übersetzer ablegen möchten, wenden Sie sich bitte für weitere Informationen an das „Staatliche Prüfungsamt für Übersetzer" unter folgender Anschrift:: Staatliches Prüfungsamt für Übersetzer, An der Urania 14, 10787 Berlin (Telefon-Nr. 0 30/90 16 27 38, Frau Klein).

Ein Hochschulstudium mit dem Abschluß *Diplom*-Übersetzer/in bzw. -dolmetscher/in bietet die Humboldt-Universität in Berlin an; allgemeine Studienberatung: Tel. 0 30/20 93 21 25.

Mit freundlichen Grüßen

INDUSTRIE- UND HANDELSKAMMER ZU BERLIN
Bildung und Berufsausbildung
im Auftrag

Gabriele Meissl

Anlagen